Negotiation
고수의 협상법

인생의 승부처에서 삶을 승리로 이끄는 협상 비법

Negotiation
고수의 협상법

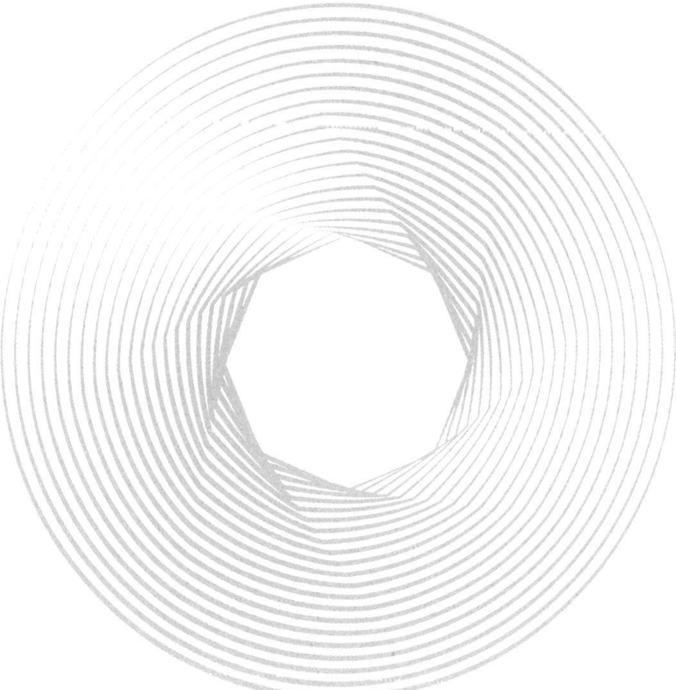

RITEC CONTENTS

모두들 인생의 승리자가 되고 싶을 것이다. 하지만 결코 쉽지 않다. 인간의 본질은 불완전성에 있고 인생 자체는 통제 불가능하기 때문이다. 이러한 사실을 깨닫고 인정하는 순간 분명 당신은 훨씬 목표 달성이 수월해진다. 불완전한 나의 상황을 인지하고 통제 가능한 것에 집중할 수 있기 때문이다. 바로 이것이 협상의 시작이다.

협상은 나의 상황을 정확하게 파악하는 것으로부터 출발해야 한다. 좀 더 거칠게 표현하면 '주제 파악'을 잘해야 한다. 여기서 '주제 파악'이란 나의 현실을 정확하게 인지하고 나를 둘러싼 상황들을 객관적인 시각에서 볼 수 있는 힘을 말한다. 이를 통하여 협상 목표도 현실적으로 세울 수 있으며, 목표 달성을 위한 구체적인 계획도 수립할 수 있다. '주제 파악'도 못하고 협상에 임해서 실패한 적이 한두 번이 아닌 나에게 항상 하는 말이 있다.

"제발 '주제 파악' 좀 하자."

아무튼 내가 협상을 좀 더 공부하고 이해하였다면 분명 지금보다 훨씬 유리한 위치에 있을 것이다. 협상을 모르고 덤벼들었던 수많은 실패와 시행착오에 대해 반성하고 있다. 너무나도 호기롭게 중요한 현안에 대해 지나치게 빨리 결정하였으며, 정보를 무시한 채 직감을 따랐다. 나에 대해 너무나 과신하였고 사람들을 무조건적으로 신뢰하였다. 대안이나 출구 전략 등은 고려하지 않은 채 '모 아니면 도'라는 식으로 덤벼들었다.

그러한 시행착오 덕으로 지금은 협상에 임할 때 좀 더 겸손하고 신중한 자세를 취한다. 사전에 많이 준비하고 정보를 얻으려고 노력하며 대안을 생각한다. 또한 협상 목표에 집중할 수 있으며, 협상 대상에 따라 다양한 행동을 취할 수 있게 되었다. 내 자신을 때로는 편한, 때로는 어려운, 때로는 과감한 협상가로 보일 수 있는 것이다.

일반적인 협상의 정의는 다음과 같다.

'타결의사를 가진 2명 또는 그 이상의 당사자 사이에 양방향 의사소통(communication)을 통하여 상호 만족할 만한 수준으로의 합의(agreement)에 이르는 과정'

하지만 내가 정의하는 협상은 뒤에 다시 언급하겠지만 "구체적인 목표를 설정하고 주어진 상황들을 목표 달성에 유리하게 만들어 가는 일련의 과정"이다. 만족할 만한 수준으로의 합의보다는 '구체적인 목표 달성'에 초점을 맞췄으며, 의사소통에 국한되는 것이 아니라 '주어진 상황들을 유리하게 만들어 가는 일련의 과정'으로 정의했다. 그래서 내가 강조하는 협상의 4대 요소는 목표, 대안, 관계, 정보이다. 쉽게 말해서 말만 잘하여 협상을 유리하게 이끌겠다는 것은 하수의 협상법이다. 협상 고수는 분명 목표, 대안, 관계, 정보에 집중한다. 이 네 가지 키워드를 생각하고 협상을 준비한다면 확실히 유리해질 수 있다.

첫째, 내가 협상을 통해 얻고 싶은 목표를 구체적으로 설정한다.

둘째, 협상을 성공적으로 이끌게 만들 대안(제안 내용)과 협상이 잘 이뤄지지 않을 경우의 대안(다른 선택 사항)을 미리 준비한다.

셋째, 상대방을 이해하고 가능하면 좋은 관계를 유지하여 상대방이 나를 도와주려는 분위기를 만든다.

넷째, 협상 현안에 대한 중요한 정보들을 수집하여 협상 주도권을 갖도록 한다.

구체적인 목표를 설정하여 대안, 관계, 정보에 있어서 확실히 유리해지도록 협상을 준비하였다면 5장에서 이야기하는 협상 실전 스킬을 적용할 수 있다. 다양한 협상 스킬을 통하여 분명 유리한 협상 결과를 낼 수 있도록 학습하고 훈련하는 것이 중요하다.

협상의 개념은 계속 변하고 있다.

아주 오래 전에는 어쩌면 생사를 앞두고 진행되는 일종의 '생존 의식'이었을 것이다. 전쟁 전에 반드시 협상이 진행되었기 때문이다. 협상이 결렬되면 전쟁이 벌어지고 한쪽이 완전히 파괴될 때까지 전쟁은 진행된다. 이를 막기 위해 치욕적인 협상 조건을 받아들이기도 하였다.

대부분의 협상은 전쟁이나 무력과 결부되었으며 그 목표는 부족했던 자원들에 집중되었다. 땅, 식량, 인력, 에너지, 광물 그리고 기술이나 문명 등이었을 것이다. 지금까지도 자원과 결부된 협상들이 진행되고 있지만 옛날만큼 쉽게 큰 전쟁으로 이어지지는 않는다. 그만큼 지독하게 먹고 살기 힘든 시대는 지났다는 이야기다.

그 이후 협상은 '상대방이 나를 따르게 하는 논리'였다. 한 동안 인간다움을 '이성'의 관점에서 인식했다. 데카르트는 '나는 생각한다. 고로 존재한다'라고 이야기했다. 논리적으로 승리하는 것을 협상의 핵심으로 생각했던 적이 있다.

약 30~40년 전부터 협상을 '합리적인 이익배분'이라는 관점에서 접근했다. 드디어 협상을 이기는 것에 초점을 맞추는 것이 아니라 서로 도움이 되는 방향으로 선개되기 시작한 것이다. 그때부터 우리가 잘 알고 있는 '윈윈 협상'이라는 말도 시작되었다.

지금은 '감정기반의 협상 전략'이 주된 이슈이다. 이것은 돈으로 대표되는 자원의 확보와 분배를 떠나 결과에 얼마나 만족할 수 있느냐에 초점을 맞추는 것이다. 쉽게 설명하면, 돈을 조금 손해 보았어도 만족감을 느낄 수 있느냐가 중요한 것이다. 2002년 한일 월드컵 당시 결승전은 일본에 양보했지만 개막전과 특히 명칭 우선권을 얻은 것은 한국 입장에서 보면 좋은 협상이었다고 생각한다. 일본과의 협상에서 돈도 중요하지만 한국이 일본보다는 앞에 불린다는 명분적인 만족감이 중요했던 것이다. 결국 2002년 월드컵 공식 명칭은 '2002 FIFA World Cup Korea/Japan'이 되었다.

여전히 마케팅 용어로 '가심비(價心比)'가 사용된다. 가격 대비 마음의 만족을 추구하는 소비 형태를 말하는데 '가성비(價性比)', 즉 가격대비 성능을 따라한 말이다. 그만큼 가격 만족감과 함께 심리적 만족감도 중요하다는 것이다.

내가 협상에 있어서 가장 많은 영향을 받은 사람은 미국 와튼 스쿨의 스튜어트 다이아몬드 교수이다. 그는 〈어떻게 원하는 것을 얻는가〉라는 협상에 대한 책을 통하여 많은 사람들에게 영향을 주었다. 특히 협상 상황에서 감정을 중시할 때, 논리에 집중할 때보다 네 배 정도 많은 이익을 얻는다고 강조했다.

다이아몬드 교수는 오래 전에 한국을 방문하여 강의한 적이 있다. 운이 좋게도 TV를 통하여 강의를 듣게 되었다. 협상 교수는 이성적이고 분석적이라는 선입견과는 완전히 다르게 대단히 푸근하고 인간적인 사람이었다. 마지막 사회자의 질문은 '좋은 협상 결과를 위해 무엇을 하시겠습니까?'였다. 어떤 대답이 나올지 엄청난 기대감을 가지고 집중했는데, 대답은 생각보다 싱거웠다.

그의 답은 "상대방과 점심을 먹겠다."였다. 상대방을 이해하고 상대방과 친밀해질수록 좋은 결과가 나올 가능성이 높다는 것이다. 결국 모든 협상은 인간이 하는 것이고 인간의 감성적인 요소들이 협상 결과에 영향을 미칠 수 있다고 이해했다.

나는 기업교육회사의 대표이다. 직원이 10여 명 되는 회사인데 그래도 어느 정도 업계에 영향력을 가지고 있다. 나의 가장 큰 자부심이다. 내가 만약 협상을 몰랐다면 지금의 모습은 불가능했을 것이다. 고객들과 협력업체와는 물론 나를 둘러싼 많은 이해관계자들과 협상해야 한다.

그리고 가장 어려운 협상 대상인 직원들과도 협상해야 한다. 직원들에게는 퇴사와 이직이라는 강력한 대안을 가지고 있기 때문에 협상하기 가장 어려운 상대이다. 물론 나 역시도 직원들이 너무나 고맙고 소중하지만 많은 경험들을 토대로 항상 대안을 준비하고 있다. 그만큼 협상은 많은 것들을 해결할 수 있게 만들어 준다.

나는 협상의 종류를 크게 거래적 협상과 관계적 협상으로 나눈다. 〈고수의 협상법〉은 이 두 가지 모두를 다룬다. 거래적 협상은 단 한 번의 거래로 끝나거나 다음 거래에 영향을 미치지 않는 경우에 해당된다. 특히 부동산 거래 등 한 번 보고 앞으로 보지 않을 사람이라고 생각이 든다면 거래적 협상을 해야 한다. 쉽게 말하면, 장기적 관계를 따지지 말고 금전적으로 이익이 되는 최선의 방법을 찾아야 한다.

하지만 대부분의 협상은 관계적 협상이다. 직원, 고객, 협력업체 등은 장기적인 관계를 기반으로 한다. 그래서 협상의 목표에 '장기적인 관점'이 반드시 포함된다. 이도 쉽게 말하면, 나의 단기적인 경제적 이익만을 생각하면 안 된다는 것이다. 그럴 경우 장기적인 관계는 쉽게 깨지게 된다. 나 역시도 협상 자체를 단기적인 이익만을 생각하는 사람과는 거래하지 않는다. 생각보다 우리 주위에서 쉽게 볼 수 있는데 특히 비즈니스적으로 오래 가기는 힘들다.

결국 협상은 장기적으로 신뢰를 줄 수 있는 비즈니스 활동에 영향을 줄 수 있어야 한다. 다시 한번 강조하지만 단기적인 이익보다는 장기적인 신뢰가 당신의 자리를 견고하게 다져 줄 뿐 아니라 당신의 위치를 빛나게 할 것이다.

신용준

차 례

PART 2

자신을 만만치 않은 상대로 여기게 만드는 협상술 _대안의 비법

PART 3

상대가 나를 돕게 하는 심리유도 협상술 _관계의 비법

PART 4

자원과 정보를 수집하여 최대한 확률을 높이는 협상술 _정보의 비법

PART 5

사소한 희생으로 큰 성과를 얻는 협상술
_실전 협상 스킬 & 전략

PART 1

어떤 상황에서도
협상을 유리하게 만드는 협상술
_목표의 비법

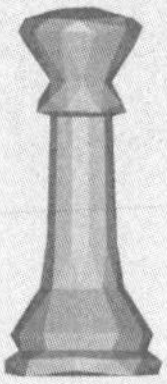

01

협상 전에 이미 협상은 시작된 것이다

"누군가를 절대적으로 의존하지 않고 사람들이 당신을 의존하게 만든다면 인생이라는 협상 테이블에서 반드시 승리할 것이다."

인생 자체가 협상이라는 관점에서 보면 인생의 목표는 곧 욕망에 집중하는 것이다. 당신의 욕망을 달성하는 것, 그것이 바로 협상의 시작이다. 이 책을 통하여 인생의 크고 중요한 욕망은 물론이거니와 눈앞에 놓인 작고 현실적인 목표를 협상을 통해 달성하는 방법을 학습할 것이다.

대부분의 협상책은 크게 두 가지 유형이다.

하나는 우리가 알고 있는 너무나 큰 협상들을 다루는데 북핵협상, 미중무역분쟁협상, 한미 FTA 협상 등 정치적이고 경제적인 내용이라 관심은 가지만 현실에 적용하기에는 부담스럽다.

다른 하나는 협상의 노하우들을 촘촘하게 다루기는 하지만 너무나 학구적인 측면이 부각되어 일반인들이 접근하기에는 흥미가 떨어진다.

한편, 이 책은 인생 전반적으로 유용하게 사용할 수 있는 실전 협상 기술들을 쉽고 현실적으로 다루고 있다. 이러한 협상 기술을 이해하고 적용할 수 있다면 인생의 다양한 목표들을 좀 더 빠르고 효과적으로 달성할 수 있을 것이다.

인생에 있어서 협상의 주요 대상은 구체적으로 무엇인가? 정말 어려운 질문이다. 대부분의 사람들은 아마도 돈, 즉 경제적 이익일 것이다. 인생의 목표가 돈을 많이 버는 것이고 아마도 그런 비밀을 찾기 위해 이 책을 선택한 사람도 있을 것이다.

그렇다면 이 책을 쓴 저자, 바로 나는 큰돈을 벌었을까? 많이 벌었다가 한 때 많이 날렸다가 지금 많이 벌고 있는 중이다. 나름대로 협상과 리더십 강사로 기업에서 많이 유명하고 작지만 영향력 있는 교육회사를 운영하고 있다.

가장 자랑할 만한 것은 내가 원하는 목표, 인생의 욕망들을 어느 정도는 성취했다는 것이다. 한편 아쉬운 것은 내가 협상에 대해 좀 더 이해하고 있었다면 크게 실패하지 않았으며 지금 좀 더 유리한 위치에 있었을 것이다.

돈은 인간 욕망의 핵심에 자리 잡고 있다. 이 책을 읽는 당신이 지금보다 더 부유해지고 싶다면 물론 도움이 될 것이다. 하지만 돈에 대한 중요한 진리 하나는 큰돈을 버는 것이 쉽지 않다는 것이다.

실제 큰 부자가 되는 방법은 단 세 가지이다. 로또처럼 사행성이 있거나 도박이나 사재기처럼 불법적이지 않은 정당한 방법으로 말이다.

첫 번째는 가장 안정적이고 확실한 방법인데 상속이나 증여를 통한 것이다. 이 책을 읽는 것을 보니 이 책을 읽는 당신도 큰 부자는 아닌 것 같다.

두 번째는 부동산이나 주식이다. 실제 대부분의 우리나라 부자들은 특히 부동산으로 큰돈을 벌었다. 이들 중 번 돈만큼의 사회적 책임을 다 하지 않는 사람들을 졸부(猝富)라고 칭한다. 큰 노력 없이 졸지에 부자 된 사람이다. 그만큼 투자는 협상보다는 아무래도 운(運)이 많이 따라야 한다. 투자는 운보다는 분석과 전략이라고 반문하는 사람도 있겠지만 부모가 돈 대주지 않고 좋은 부동산을 구입하여 큰 시세차익을 누린 사람은 거의 보지 못했다. 부자 부모를 만난 것은 최고의 운(運)이다.

세 번째가 가장 중요한데 비즈니스로 성공하는 것이다. 큰돈을 벌 수 있지만 실제로 많지 않다. 성공할 가능성도 희박하고 위험부

담도 크며, 언제 고꾸라져 빈털터리 신세가 될지도 모른다. 이 〈고수의 협상법〉은 비즈니스 관점에서의 협상을 주로 다룬다. 비즈니스가 우리가 알고 있는 그 사업만을 뜻하는 것은 아니다. 사업은 물론이거니와 영업, 거래관계, 직업적 성공, 승진, 인간관계 등 돈을 포함한 목표 달성을 위해 벌이는 모든 과정과 노하우를 '협상'이라는 키워드로 녹여내었다.

다시 욕망에 대해 조금만 더 이야기하려 한다. 욕망의 사전적 의미는 '무엇을 가지거나 하고자 간절하게 바람'이다. 다행히 예상보다 건전하고 의미가 있다. 그래서 욕망이라는 단어를 개인적으로 많이 사용하고 좋아한다. 어쩌면 협상은 이러한 욕망들을 달성하기 위한 강력한 수단이자 전략이다.

나의 인생의 궁극적인 욕망 몇 가지를 소개하려 한다. 나의 모든 협상의 과정은 이 욕망을 달성하기 위함일지도 모른다.

하나, 위대한 교육회사를 만드는 것이다.

둘, 영향력을 가지게 된 후 좋은 곳에 사용하는 것이다.

셋, 좋은 가정을 유지하고 지키는 것이다.

넷, 죽을 때 용기 있는 삶을 살다 갔다고 사람들에게 인정받는 것이다.

'왜, 나는 욕망에 구체적인 돈의 액수를 포함시키지 않았을까?'

사람들에게 인생의 최종 욕망을 물어보면 대부분 한 100억 원 정도의 재산을 갖는 것을 이야기한다. 앞에서 언급했듯이 우선 큰돈 버는 것 자체가 힘들고 구체적인 돈의 액수를 삼는다면 하는 일들이 부질없게 느껴질 것 같아서이다.

물론 사업상의 매출 목표는 가지고 있다. 불행히도 한 번도 100%를 달성한 적은 없다. 2020년에는 정말 가능성이 높았는데 코로나-19 때문에 물 건너갔다. 하지만 확신이 느껴지는 한 가지는 이렇게 욕망을 추구하고 목표에 집중하다 보면 생각보다 큰돈을 갖게 될 것이라는 것이다.

큰돈을 벌면 하고 싶은 것도 있다. 우선 나와 직원들을 위한 아름다운 회사 사옥을 짓고, 고생하는 직원들을 위해 회사 복지에 제대로 투자하며, 먼 훗날 베트남 오지에 학교와 병원도 세울 예정이다.

욕망에 대한 이야기는 여기까지 하고 협상의 본론으로 들어가도록 하겠다.

내가 생각하는 협상의 정의는 바로 이것이다.

"구체적인 목표를 설정하고 주어진 상황들을 목표 달성에 유리하게 만들어 가는 일련의 과정이다."

협상은 결국 목표 달성에 있는 것인데 목표가 없거나 불확실하다 보면 협상력은 약해지고 항상 불리한 입장에서 인생을 이끌어가야 한다. 인생의 가치 있는 욕망에 집중하고 목표를 추구하다보니 그래도 맑은 정신을 유지하고 자기관리에도 신경을 쓰고 있는 것은 확실하다.

아카데미 작품상을 거머쥔 '기생충'이라는 영화에서 아버지 역으로 나온 송강호 배우는 아들에게 계획을 세우지 말라고 말한다. 송강호의 말에 의하면 계획은 절대 성공할 수 없기 때문이다. 정말 아이러니하다. 어차피 성공할 수 없으니 계획을 세울 필요가 없다는 것이다. 그런데 더 아이러니한 것은 계획을 세우지 않는 것 자체가 목표가 되어 버린 것이다.

실제로 계획을 세우고 사는 목표보다 계획 없이 사는 목표를 이루기가 더 힘들다. 인간에게는 자유의지가 존재하기 때문에 본능적으로 또는 욕망에 조정되어 어떤 형태의 계획을 세우게 된다. 그 누구도 본능만을 의지하며 살지 않는다. 배가 고픈 것 자체는 본능이지만 직접 요리해 먹을지 배달시켜 먹을지 외식할지는 선택해야 한다. 직접 요리해 먹기 위해서는 마트에 가야 하고, 어떠한 재료를 살지에 대해서는 계획을 통해 결정해야 한다. 결국 인간은 무언가를 목표로 세우고 계획을 세운다.

염세주의 철학자 쇼펜하우어는 이렇게 말했다.

"삶은 욕망과 권태 사이를 왕복하는 시계추와 같다. 그러니 욕망으로 인한 고통에서 벗어날 수 없다."

쉽게 이야기하면, 욕망이 달성되면 권태를 느껴 힘들게 된다. 그래서 다른 욕망을 추구하게 되는데 결국 현실과의 괴리감 때문에 또한 힘들어지게 된다. 결국 쇼펜하우어의 말처럼 꾸준히 욕망을 추구하는 것이 인간이며 불완전한 인간의 속성으로 인해 결국 고통스럽다는 것이다.

그의 말을 통해 얻은 나의 통찰은 어차피 인생은 욕망을 추구하고 그 자체가 고통스럽다면 힘들어도 좀 더 가치 있는 욕망을 인생의 목표로 삼는다면 최소한 의미는 있지 않을까 하는 것이다.

그렇다면 당신의 인생의 욕망에 대해 묻고 싶다. 이루고 싶은 것, 가치가 있다고 생각되는 것, 간절히 원하는 것에 집중하자. 욕망에 집중하는 것이야말로 인생의 협상에서 성공하는 첫 번째 발걸음일 것이다.

"Aim higher, you will obtain better."

"목표를 높게 가질수록 더 많은 것을 얻을 수 있다."

02

상호이익의 일치점을 공략하라

좋은 협상 결과를 위해서는 이익에 주목하고 집중해야 한다. 그래야만 사사로운 감정이나 작은 불협화음 정도는 쉽게 이겨낼 수 있다.

많은 협상 상황에서 사람들이 가장 크게 실수하는 것 중의 하나가 바로 협상의 가장 주된 목표, 즉 이익에 집중하지 않고 다른 부가적인 것들에 지나치게 관심을 갖는 것이다. 그 때문에 진정 중요한 이익 수준에는 도달하지 못하는 것이다.

여기서 이익이란 상호이익을 말한다. 상호 최선의 노력으로 공동의 이익이 만나는 접점을 찾아가야 하는 것이 바로 좋은 협상이다. 다시 한번 강조하지만 협상의 최종 목적지는 반드시 '이익의 일치점'이 되어야 한다.

협상의 대가 와튼 스쿨의 스튜어트 다이아몬드 교수는 뛰어난 협상가와 평범한 협상가의 차이를 나누는 가장 중요한 기준에 대해 이야기했다. 바로 공통사항에 대한 발언이었다. 공통사항은 여러 가지를 포함할 수 있지만 가장 중요한 것이 우리 협상의 주된 목적과 이익에 대한 것이라고 할 수 있다. 그래서 내가 협상 상황에서 자주 쓰는 말이 있는데 꼭 기억해 놓고 사용하길 바란다.

- 서로 협력을 통하여 매출을 올려야 할 때

➾ "우리가 모인 이유는 함께 매출을 올리는 방법을 찾는 것이지 않습니까?"

- 부서 간 협력을 통하여 프로젝트를 진행해야 할 때

➾ "우리는 이번 프로젝트를 성공하기 위해 함께 하고 있습니다. 그것이 우리가 모인 목적입니다."

- 큰 행사를 진행하는 업체 입장에서 고객사에 이야기할 때

➾ "결국 우리의 목적은 함께 본 행사를 성공적으로 수행하는 것 아닙니까?"

다소 낯간지럽게 들린다고 생각할 수 있지만, 절대 아니다. 협상 상황에서 정말 중요한 효과를 낸다. 상호이익에 집중할 수 있고 갈등상황이나 불협화음을 줄일 수 있다.

가끔 협상을 상호 협력을 통한 이익실현이 아닌 내가 원하는

이익을 얻기 위해 '상대방의 입장을 돌려놓기' 정도로 착각하는 경우가 있다. 가끔 이러한 유형의 사람을 접하게 되는데 정말 불편하다. 그런 유형의 사람과 장기적인 거래를 추구하는 것 자체가 매우 어리석은 일일 수 있다.

일전에 한 거래처 담당자가 미팅을 하자며 연락이 와서 직원과 함께 방문했다. 꾸준한 거래가 있던 고객사였는데 다른 부서 담당자의 소개로 처음 만나는 자리였다. 규모가 작은 행사여서 큰 수익을 기대하기 힘든 상황이었지만 미팅을 요청한 것도 고맙고 해서 웬만하면 진행하려고 했다.

하지만 처음 만난 담당자의 태도가 지나치게 무례했다. 오자마자 다짜고짜 본인의 이야기만 하고 원하는 것만 요청하며 상대방의 이야기는 들으려 하지도 않았다. 그야말로 완전 '갑질'이었고 인격적으로 무시당하는 느낌이었다.

그냥 화를 내고 자리를 박차고 나오고 싶었지만 감정을 통제하고 매너 있게 자리를 나왔다. 밖으로 나와 오랜만에 직원 앞에서 그 사람 욕 좀 했다. 아니 그냥 욕이 나왔다. 비즈니스를 영위하면서 성질 죽이고 살 때가 정말 많다. 어느 순간 그게 장점이 되었다.

다음날 직원을 통하여 고객사 담당자에게 정중하게 행사 진행을 맡는 것을 거절하였다. 협상 상황에서 본인의 이익만을 강조하는 사람은 멀리해야 한다. 나의 이익이 털림은 물론이고 오랫동안 거래하다가는 영혼까지 탈탈 털릴 수 있기 때문이다.

다음의 예시는 한 홈쇼핑 업체의 MD를 대상으로 협상교육을 시작하기 전 사전 인터뷰를 통하여 얻은 상호이익을 기반으로 한 협상의 사례이다.

나는 인터넷 MD이다. 지난 9월 마케팅팀에 행사를 제안했지만 규모가 작아서 단독으로 할 수 없다는 통보를 받았다.

다소 상심했지만 9월은 특별한 이슈가 있지 않아서 그냥 넘어갈까 생각했다. 하지만 목표를 생각하니 잠이 오지 않았다. 많은 고민 끝에 내부적으로 해결방안이 있지 않을까 생각하여 해법을 찾기 시작했다.

결국 관련 MD들과 함께 판을 키우는 방법을 찾아보기로 다짐했다. 우선 ○○ 브랜드를 선정했다. 그 이유는 내가 담당하고 있는 패션뿐만 아니라 언더웨어와 액세서리가 같은 브랜드를 공유하고 있기 때문이다.

관련 MD들과 만나서 회의를 열었다. 매출 목표도 다르고 아이템도 달라서 합의에 이르는 것이 쉽지 않았다. 그래도 우리 MD가 존재하는 이유는 매출을 올리는 것이라는 대전제 아래 장시간의 마라톤 회의를 진행하였고 극적으로 합의에 이르렀다.

결국 많은 걱정과 함께 9월에 행사를 진행하였다.

'○○ 패밀리전'

우려와는 다르게 예상보다 높은 매출을 올릴 수 있었다. 다양한 상품들이 모여 큰 시너지를 낸 것이다. 1억 원 정도의 매출을 올렸고 특히 패션이 차지하는 부분이 워낙 커서 매출 달성에 큰 도움이 되었다. 다른 MD들과 함께 협력하여 파이를 키웠다는 점에 대해 큰 자신감이 생겼고 동료들에게 큰 고마움을 느꼈다.

없던 매출이 생긴 터라 한 동안 생각만 해도 웃음이 나왔다. 하지만 그것도 잠시뿐, 매출 달성을 위해 다른 MD들과의 또 다른 협력거리를 찾아 오늘도 헤매고 있다.

이러한 상호이익을 추구하는 사고와 태도는 꼭 협상 상황에만 국한되는 것이 아니다. 일반적인 비즈니스 상황이나 직장생활 등에도 적용되는 인간의 가치이다. 예전처럼 자원이나 아이디어가 제한적이고 똑똑한 한 인간이 주도적으로 시장을 장악하는 시대는 지났다. 지금은 자원, 아이디어뿐만 아니라 자본과 능력 있는 인재까지도 풍부하다. 기존에 존재하는 이러한 중요 요소들을 연결하는 것만으로도 개인의 가치를 유지할 수 있다.

얼마 전부터 어떤 사람과 함께 비즈니스를 하고 어떤 사람을 채용해야 하는지에 대한 기준이 바뀌었고 명확해졌다. 또한 어떤 사람들과 인생을 함께 해야 하는지에 대한 결정 기준도 확고해졌다.

바로 상호이익을 추구하는 협력지향적인 사고와 태도를 가진 사람들과 함께 하는 것이다. 뛰어난 능력과 매력적인 외모를 가졌지만 상호이익에 관심이 없는 사람은 나의 협상 파트너가 될 수 없다.

슬프게도 이러한 성향, 즉 본인의 이익에만 집중하는 성향은 일정 부분 타고 나는 것 같다. 아무리 본인이 그런 말을 누군가에게 들었다고 해도 잘 바꾸려 하지 않으며, 이기적인 본성이 무의식적으로 나오게 되는 것이다.

더 조심해야 할 것은 겉으로만 상호이익을 위해 관심을 가지고 협력지향적으로 보이는 데 능숙한 사람들이 우리 주위에 많다는 것이다. 단지 그렇게 보이는 데 뛰어난 능력이 있는 것이며, 어쩌면 상대방을 속이는 것일 수도 있다.

이런 유형의 사람들은 최초에 호감이 가거나 매력적인 모습이나 태도를 취하는 경우가 많기 때문에 잘 속기 쉽다. 이들이 협력적인 태도를 취하는 경우는 당신이 단기적으로 도움이 되기 때문이다. 도움이 되지 않는다고 판단되는 순간 본래의 모습이 나온다. 당신의 모든 이용 가치를 강탈당하고 정신 차려 봤자 너무 늦은 것이다. 상대방을 대할 때 무엇인가 어색하거나 부자연스러운 과정들이 많이 존재한다면 한번쯤은 의심을 해야 한다.

사람에 대해 관심이 많아 사람 이야기로 많이 빠졌다. 나의 평생의 연구 과제이기도 한데 다행히 내가 풀어내는 사람에 대한 이야기들을 많은 사람들이 좋아해 주는 것 같다.

다시 본래 주제인 상호이익으로 말을 바꿔보자.

많은 질문들이 상호이익에 집중하자는 취지는 잘 알겠는데 양측이 원하는 지향점이 완전히 다르면 어떻게 하느냐이다. 우선 상호이익이 존재하지 않거나 서로가 원하는 지향점이 완전히 다르면 협상이 의미가 없어진다.

예를 들면, 차량을 판매하고 구매하는 협상 상황이다. 물론 서로의 상호이익은 분명하다. 좋은 차량이 합리적인 조건에 거래되는 것이다. 그런데, 여기서 한 가지 상호 지향점에 큰 문제가 생겼다. 구매자가 원하는 차량이 판매자의 판매 리스트에 포함되어 있지 않다는 것이다. 다시 말해 다른 브랜드의 차량을 구매자가 원하는 상황이 벌어진 것이다.

이런 상황에서 경험이 부족한 협상 하수들은 참 쉽게 말한다. 잘 설득해서 가지고 있는 다른 차량을 추천하여 판매하면 되지 않겠냐고. 경험상 결코 쉽지 않다. 사람들은 처음부터 원하는 차량을 구입해야 직성이 풀리며 다른 차량은 눈에 들어오지 않는다. 어떤 경우는 원하는 차량을 구입하기 위해 6개월을 기다리기도 한다. 그렇기 때문에 원하는 차량이 A인데 B로 바꾸는 경우는 극히 드물다.

이럴 때 판매자가 하는 가장 큰 실수는 A 차량에 대한 안 좋은 점을 지나치게 나열하는 것이다. 이런 말을 들을 때 구매자가 느끼는 가장 큰 감정은 A 차량을 좋아하는 나에게 문제가 있다는 부정적인 감정일 뿐이다. 물론 기존에 신뢰가 있는 관계가 아닌 처음 본 사이에서의 협상 상황에서이다.

이런 상황에서 당신이 판매자라면 어떠한 결정을 내릴 것인가? 다른 브랜드의 영업점을 찾아가게 내버려 둘 것인가? 나라면 평소 전략적 제휴 관계를 가지고 있는 다른 브랜드의 영업사원을 소개해 줄 것이다. 그리고 일정 부분의 보상을 받는다. 또한 좋은 인상을 남기게 되면 차후 해당 구매자는 다른 친구를 소개해 줄 수도 있다. 잘못된 방법이 아니냐고 반문하는 분도 있겠지만 비즈니스 상황에서 일반적으로 통용되는 방법이다. 상호이익이 충돌한다면 완충점을 찾아 공략하는 전략을 수립하는 것이다.

상호이익에 집중하라. 협상 성공확률을 높일 것이다.

상호이익에 관심 없는 사람은 멀리하라. 최소한 당신의 영혼이 털리는 것은 막을 수 있을 것이다.

03

협상을 하지 않는 것도 하나의 협상 전략이다

인생 자체가 협상의 연속이다. 그렇다고 모든 상황을 협상의 대상으로 삼는다면 인생 자체가 너무나 각박하고 힘들 것이다. 인간의 에너지는 한정적이고 시간은 제한적이며 의지력은 쉽게 고갈된다. 본인이 뛰어난 협상가라는 자부심으로 시장에서 콩나물값 몇 푼 깎는 것도 협상으로 생각하여 공격적인 자세를 취하는 사람이 있다. 협상가라기보다는 정 없고 인색하기만 한 짠돌이처럼 보일 수 있다.

어떠한 협상이든지 막상 협상을 시작하면 어느 정도 전략이 필요하고 시간이 소요된다. 그렇기에 별 것 아닌 사안에 대해 협상한다고 너무나 많은 자원을 소모할 필요는 없는 것이다. 중요하고 의미 있는 협상 상황에만 집중해도 인생은 충분히 피곤하다.

어떤 경우에는 협상을 생각하지 않고 상대방의 조건을 그냥 받아들이는 태도도 필요하다. 그리고 어떤 경우에는 나의 조건을 제시하고 상대방이 받아들이면 진행하고 아니면 안 하는 경우도 필요하다. 또한, 현안이 중요하긴 하지만 상대방이 정말 마음에 들지 않는다면 협상을 포기하는 것도 필요하다. 협상 자체를 하지 않는 것도 하나의 협상 전략인 것이다.

인간은 자동차처럼 최고의 RPM을 유지하면서 시속 200킬로미터 이상으로 24시간 질주할 수 있는 존재가 아니다. 그렇게 한다면 기계인 자동차조차도 망가질 수 있다. 협상 상황도 전속력으로 질주할 때와 느긋하게 드라이브하며 다닐 때를 선택해야 한다.

협상에 참여하고 집중해야 하는 기준은 다음과 같다. 영업활동을 포함한 모든 비즈니스 상황에 적용된다.

첫 번째, 경제적 이익이나 손실이 큰 경우
두 번째, 개인이나 회사의 이미지에 큰 영향을 미치는 경우

첫 번째, 경제적 이익이나 손실이 큰 경우는 협상에 반드시 참여해야 한다. 물론 여러 가지 상황들이 포함된다. 고객사를 설득하는 경우, 직원을 설득해야 하는 경우, 시장 확대를 위해 광고를 통하여 시장을 설득하는 경우, 자본 충당을 위해 은행 등 금융회사

를 설득하는 경우, 신규채용이나 큰 규모의 구매나 계약을 해야 하는 경우 등이 있다. 나는 리더십과 협상을 강의하는 사람이지만 실제 직업은 교육사업가이다. 어쩔 수 없이 사업가는 매출뿐만 아니라 이익에 집중해야 한다. 그렇다고 나는 이익, 즉 돈에만 집중하는 차가운 사람은 아니다. 나름대로 따뜻한 사업가가 되길 희망한다. 왜냐하면 우리 회사가 추구하는 교육사업은 사람을 다루고 사람과 함께 하는 일이기에 따뜻해야 한다. 그래서 내가 만든 명언이 있다.

"돈은 차갑게 벌고 따뜻하게 쓴다."

_신용준

"개같이 벌고 정승같이 쓴다."라는 속담과 비슷하지만 많이 현대적이고 세련되지 않은가?

비즈니스를 할 때는 물론 냉정해야 한다. 정(情)에만 호소하는 것은 프로답지 못하다. 특히 돈만을 다루는 금융업은 확실히 차갑다. 특히 부동산, 주식 비즈니스 하는 사람들은 확실히 차갑다. 예전에 외국계 금융회사에 다닐 때 많이 느꼈던 개인적인 감정이다.

아무튼 나는 이익을 추구하기 위한 모든 활동, 즉 고객사와의 거래, 협력업체와의 계약, 직원들과 파트너들과의 의사결정과 협업 등의 협상 상황에 대부분의 시간을 투입한다. 비즈니스 하는 사람으로 나에게 가장 중요하고 의미 있는 협상 활동이다.

최근에 정말 고통스러운 상황을 겪었다. 바로 코로나-19 사태였다. 다들 공감하겠지만 정말 많이 힘들었다. 오랜 세월 동안 이뤄낸 성과가 한순간에 물거품이 되는 감정을 느꼈다. 하지만 경영자로서 회사를 지켜야 했다. 단기적으로 큰 적자를 냈지만 직원들을 지켜야 했다. 다행히 전 해에 번 돈으로 몇 달을 버텼지만 대출이 필요한 상황이었다.

한 보증기금의 문을 두드리기로 했다. 물론 유동성에 큰 문제는 없었지만 대비 차원에서 큰 금액의 돈을 초저리로 받는 것을 목표로 했다. 다행히 그동안 큰 어려움 없이 비즈니스를 수행하여 회사에 차입금이 없었기에 처음 해 보는 경험이었다. 보증기금과 전화 상담을 진행하였고, 매우 많은 기업에서 어려움 때문에 해당 기업 대출 보증을 신청하는 듯 했다. 물론 절차를 준수하여 조건에 맞는 기업에 보증서가 나가겠지만 초저리 이율은 한도가 제한되어 있기 때문에 실제 신용만으로 대출을 제대로 받는 기업은 많지 않다는 것이다.

은행을 통하여 담보대출은 쉽게 가능했지만 신용만으로 큰 대출을 받고 싶었다. 보증기금의 기준을 통과하고 자금만 잘 운영하면 기업 신용도에도 긍정적 영향을 미친다는 정보도 도움이 되었다. 결과적으로 나의 협상의 목표는 꽤 큰 금액의 돈을 초저리로 빠른 시일 안에 받는 것이었다.

보증기금에서 원하는 서류들을 착실하게 준비하였고 협상에 가장 중요하게 판단되는 자금운영과 관련된 사업계획서를 성심성의껏 작성하여 제출하였다. 물론 중간에 두 차례 정도의 대면 면담을 진행하였다. 결과는 내가 원하는 대로 보증서가 발급되었다. 금액, 금리, 시일 등 모든 조건이 내가 원하는 수준이었다. 보증서가 발급되고 은행 최종 면담 때 은행원이 한 이야기가 기억난다.

"진짜 보증서 발급 받으셨네요. 이 대출은 받기 되게 어려운데……. 대단하시네요."

대출 받으면서 칭찬받기는 처음이었다. 물론 절차대로 진행되는 것인데 무슨 협상이 필요 하느냐고 의아해 하는 분도 있겠지만 아무런 문제없이 기분 좋게 좋은 결과를 낸 것 자체가 중요한 것이다. 차후 비즈니스 상황에도 당연히 긍정적인 영향을 미쳤다. 목표에 집중하고 과정에 충실했기에 좋은 결과가 났다고 확신한다.

이익과 관련된 중요한 협상에 집중하라!

두 번째는 개인이나 회사의 이미지에 큰 영향을 미치는 경우라면 정말 중요한 협상 상황이다. 돈도 중요하지만 명예나 평판도 중요하기 때문이다. 장기적으로는 이익에도 영향을 미치기도 한다.

단기적인 이익에만 몰입하는 협상가가 가장 많이 간과하는 부분이다.

대표적인 예가 레퍼런스, 즉 실적이 필요할 때이다. 레퍼런스(reference)는 보통 참조라는 뜻이지만 비즈니스 상황에서는 개인이나 회사의 평판이나 실적 등을 말한다. 해당 산업분야의 신규 고객사들과 거래하기 위해서는 레퍼런스가 필요하다. 다른 관련 업계의 실적이 필요한 것이다.

04

유능한 협상가가 갖춰야 할 자질은?

하워드 라이파의 'The art and science of negotiation'은 유능한 협상가가 갖춰야 할 자질에 대해 다음과 같은 도표로 설명하

순위	유능한 협상가가 갖춰야 할 자질	점수
1	협상계획 수립과 준비 능력	4.8
2	협상 현안에 대한 지식	4.5
3	불확실성과 압력하에서도 명쾌히 협상할 수 있는 능력	4.5
4	듣는 기술(Listening)	4.4
5	판단력과 지적 노력	4.3
6	설득 능력	4.1
7	인내심	4.0
8	단호한 의사결정능력	3.9
9	상대의 존경과 신뢰를 얻을 수 있는 노력	3.8
10	감정통제능력	3.8

The art and science of negotiation, Howard Raiffa

고 있다.

유능한 협상가가 갖춰야 할 첫 번째 자질은 단언컨대 '협상계획 수립과 준비능력'이다. 협상 상황뿐만 아니라 어떠한 비즈니스 상황에서도 가장 중요한 성공요인이다. 현재 진행하는 일에 있어서 무엇인가 부족한 것들을 느끼는 사람이라면 '내가 얼마나 계획을 잘 수립하고 있는지', 그리고 '얼마나 잘 준비하고 있는지'에 대한 부분만 점검해도 결과는 좋아질 수 있다. 나 역시도 가장 중요하게 생각하고 있으며 신경을 쓰고 있는 부분이다.

실제 협상 상황에서 '협상계획 수립과 준비능력'은 결과값에 큰 영향을 미친다. 예를 들면, 다음날 중요한 고객사와의 미팅이 있다고 생각해 보자. 어떠한 계획과 준비를 해야 할 것인가?

기본적으로 회사 소개서와 제안서, 고객사에 대한 정보(주요 사업, 매출, 경쟁사, 직원규모, 최근 고객사 이슈 등), 고객사 담당자에 대한 정보 등이 필요할 것이다. 아무런 준비 없이 그냥 미팅에 참석했는데 고객사에서 최근에 터진 큰 이슈를 인지하고 있지 못한다면 단기적으로 신뢰를 얻는 것에 실패할 수도 있다.

'협상계획 수립과 준비능력'에 있어서 개인적으로 크게 두 가지를 강조하고 싶다.

첫 번째는 구체적인 목표 설정이다. 이번 협상 상황에서 얻고 싶은 것들을 구체적으로 설정하는 것이다. 아니면 꼭 얻고 싶은 것이 무엇인지를 확실하게 설정하고 집중하는 것이 중요하다. 다만 구체적인 목표는 반드시 현실적이어야 한다. 첫 만남부터 '10억 원짜리 계약을 체결해야지'와 같이 얼토당토않은 허황된 목표는 협상 당사자들은 물론 주위 사람들까지 어이없게 만든다.

만약 고객사와의 첫 번째 미팅자리이고 그 고객사와 오랫동안 거래하는 친밀한 거래처가 있다는 정보를 알고 있는 경우를 상상해 보자. 어쩌면 좋은 첫인상을 주고 작은 기회라도 얻을 수 있는 니즈를 파악하는 정도의 목표라면 성공 가능할 뿐만 아니라 협상 결과에 대한 스트레스를 줄일 수 있다. 모든 비즈니스 관계는 결국 장기전이다. 좋은 기회와 결과는 단기간에 얻어지지 않는다는 것을 명심해야 할 것이다.

두 번째는 자기관리에 대한 준비이다. 어쩌면 평상시의 습관이 영향을 미친다. 다음날 중요한 협상 자리가 있다면 전날 사안에 대해 잘 준비함과 동시에 컨디션 관리도 잘해야 한다. 전날 항상 그랬듯이 친한 친구들과 밤늦게까지 술을 퍼 마시고 늦게 잤다면 다음날 협상 자리에서 집중력과 의욕을 유지하기는 불가능하다. 실제 잘 정비된 의욕과 자신감은 협상 자리에서 상대방의 마음을 강하게 움직인다.

사업하는 입장에서 직원채용을 위해 면접을 자주 보는 편이다.

사업 초기에는 면접 자체에 대한 부담감이 많이 컸는데 지금은 조금 편해졌다. 측은지심(惻隱之心)이 작용하여 자꾸 내가 채용해 주지 않으면 안 된다는 나름대로의 의무감이 컸기 때문이다. 지금은 그러한 감정적인 측면을 많이 자제하고 회사가 원하는 인재상에 맞는 사람을 채용하려고 노력한다. '얼마나 헌신적인가', '얼마나 협업지향적인가', '얼마나 성장과 배움에 관심이 있는가' 등을 우선적으로 본다. 몇 가지 중요한 기준들은 너무나 개인적이라 공개할 수 없다.

아무튼 개인적으로 면접을 볼 때 탈락 순위 1위는 자기관리가 되지 않은 후보자이다. 다른 것보다 그런 느낌은 금방 전달된다. 일단 눈빛에서 느껴지고 태도에서 느껴지며 말투에서 느껴진다. 면접자 입장에서는 최소한 중요한 면접자리, 즉 협상자리를 대비하여 어느 정도는 자기관리를 하고 와야 한다. 늦지 말아야 하고 옷차림도 깔끔해야 하며 머리도 단정해야 한다. 너무나 당연하다고 생각하겠지만 그러한 기본적인 준비조차 되지 않은 사람들이 무수히 존재하고 있다는 점이 나를 놀라게 한다.

※ ○○ 자동차 판매왕의 사례

자동차 판매 비결을 묻는 질문에 그는 "곰곰이 생각해 보니 성실하고 정직한 마음을 행동으로 옮기면 고객들에게 믿음을 주는 게 아닐까 하는 생각이 들었다."며 "이러한 믿음이 판매로 이어지는 것 같다."고 털어놓았다.

그는 평소 고객들에게 특정 차종을 사라고 권하지 않는다. 다만 고객이 원하는 정확한 정보를 제공하고 원하는 때를 맞출 뿐이다.

지금껏 자동차 3,000여 대를 팔아 치웠으면서도 고객에게 "자동차를 사 달라."고 말해 본 적이 없다.

당신은 중요한 협상 자리를 위해 구체적인 목표와 계획을 가지고 있는가? 자기관리를 비롯한 다양한 준비들을 하고 있는가?

05

상대방의 ZOPA를 파악하라

조파(ZOPA)는 중요한 협상 용어이다. Zone of Possible Agreement의 약자이다. 협상이 가능한 영역으로 해석할 수 있다. 상대방의 ZOPA를 알 수만 있다면 협상은 무척 수월해진다.

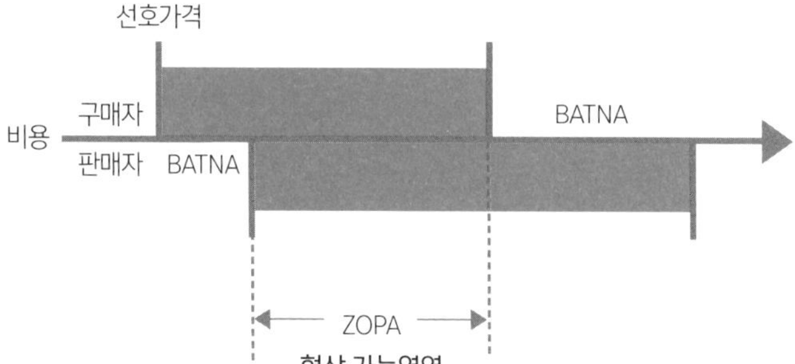

ZOPA(Zone Of Possible Agreement)

그러면 ZOPA와 관련한 연습 문제를 풀어보자.

A무역은 운송차량 제조사의 대형 트럭 20대를 구매하기 위해 협상하고 있다. A무역은 내부적으로 전체 예산액을 175만 달러로 책정해 놓고 있다. B트럭 제조사는 전체를 225만 달러 이하로는 판매하지 않기로 하고 있다. ZOPA는 무엇인가?

정답은 'ZOPA가 발생하지 않는다'이다. 결국 협상 자체가 불가능하기 때문에 A무역은 다른 제조사를 찾거나 비용 조정을 해야 한다. ZOPA가 발생하지 않으면 거래가 쉽지 않다. 하지만 다음에서 학습할 BATNA를 통한 가격 조정으로 거래가 가능하기도 하다. 하지만, 가격의 ZOPA 차이가 너무 크다면 거래가 이루어지기는 쉽지 않다. 다음의 중고차 예시도 마찬가지이다.

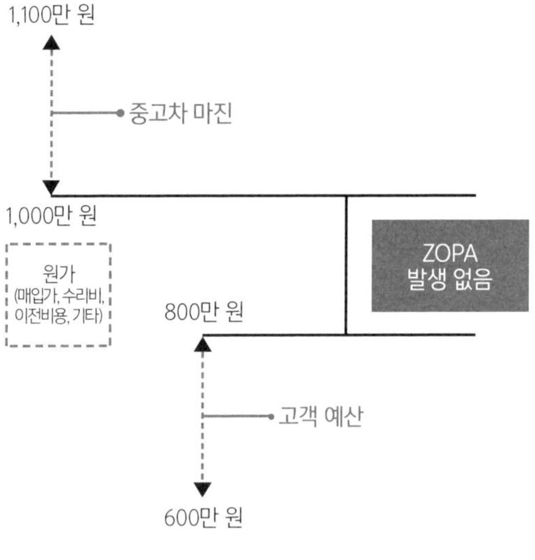

그렇다면 어떻게 상대방의 ZOPA를 알 수 있을까? 고수일수록

ZOPA를 보여주기를 꺼린다. 일반적으로 질문을 통하여 알 수 있다.

"어느 정도 예산을 가지고 계세요?"

"최대 예산은 어느 정도인가요?

정도의 가벼운 질문도 가능할 것이다.

최대 1,000만 원 정도의 예산이 있는데 500만 원의 상품을 제시하는 것은 좋은 방법이 아니다. 가능하면 1,000만 원 가깝도록 좋은 상품을 제시해야 한다.

개인적으로 백화점에서 있었던 일을 소개하려 한다. 우선 백화점은 정찰제인데 할인을 해 줄까? 정답은 해 준다. 정말이다. 첫 번째 직장으로 백화점 마케팅팀에서 근무한 적이 있어서 잘 안다. 진짜 해 준다. 내가 백화점에서 주로 구입하는 것은 남성정장이다. 강의하고 비즈니스를 해야 하기 때문에 때 되면 자주 사 입는다. 여기서의 가격 협상 전략을 공개한다.

첫째, 한 매장만 공략한다. 예를 들면, '레○마' 매장만 가는 것이다. 그러면 담당 매니저와 금방 친해진다. 혜택을 받기 위해서는 친해지는 것이 중요하다. 나는 한번 방문한 가게는 무조건 단골이라는 신념을 가지고 있다.

둘째, 매장 매니저에게 친절하고 인간적으로 대한다. 정말 중요하다. 백화점에 근무하는 직원들의 근무환경은 그렇게 좋다고 볼 수 없다. 창문도 없는 매장에서 온종일 서 있어야 하고 가끔 진상 손님도 대해야 한다. 감정노동에 시달리지만 열심인 사람들이다. 많은 사람들이 오해하는 것이 나는 호락호락한 사람이 아니라는 것을 보여주기 위해 강한 태도를 넘어서 무례하게 매장 직원들을 대한다. 그러면 바가지 안 씌우고 알아서 깎아 줄 것이라는 잘못된 생각을 한다. 나를 믿어도 좋다. 정반대이다. 매장 직원들은 친절하고 까다롭지 않게 대하는 사람에게 혜택을 더 주고 싶어 한다. 정말 중요한 정보를 주기도 한다.

셋째, 매장 직원의 추천을 받아서 가능하면 빨리 결정한다. 지극히 당연한 이야기지만 매장 매니저들은 빨리 결정하는 고객을 가장 좋아한다. 믿기 어렵겠지만 신상품도 최대 50%, 최소 30% 할인은 너끈히 받을 수 있다. 가끔은 양말이나 벨트를 받는 경우도 있다. 매장매니저들은 이런 고객들을 단골로 잡기 위해 최고의 혜택을 제공한다.

매장매니저들이 말하는 최고의 진상은 엄청난 시간을 할애하고 에너지와 정성을 투입했는데도 불구하고 안 사가는 고객이다.

직접 경험한 사례가 있다. 몇 해 전 추석 즈음에 백화점에서 5만 원 정도의 선물을 25개 구매해야 했다. 식품코너에 가보니 한과가 무척 고급지고 풍성해 보였다. 그런데 정가는 5만5천 원이었다. 그래서 협상에 들어갔다. 가장 중요한 시작은 따뜻한 인사이다.

"안녕하세요? 한과가 너무 좋아 보이네요. 좀 깎아 주시면 안 될까요?"

"몇 개나 필요하신데요."

매장 직원이 밝게 웃으며 답을 해 주었다.

분명 깎아 줄 가능성이 보였다. 또한 나에게 협상에 유리한 25개의 대량구매라는 카드가 있었다.

"25개 사려구요."

"그러세요. 얼마에 드리면 될까요?"

매장 직원이 친절하게 대답해 주었다.

나에게 주도권이 생겼다. 그래서 내가 원하는 가격을 세게 말했다.

"하나에 4만5천 원에 주시면 살게요."

이렇게 말했고 내가 예상한 대답은 이거였다.

"4만5천 원은 좀 힘들고요. 5만 원에 드릴 수 있습니다."

이 정도면 목표를 달성할 수 있으리라 생각했다. 하지만 예상은 완전 빗나갔다.

"네, 4만5천 원에 드릴게요. 결제해야 하니 저를 따라 오세요."

매장 직원은 너무나 즐거운 표정과 목소리와 함께 결제코너로 향해 버렸다.

'4만5천 원에 가능하다고? 젠장! 그냥 4만 원 부를 걸.'

이미 내가 4만5천 원을 불렀으니 4만 원으로 번복할 수도 없었다. 나의 ZOPA 예상치가 완전히 빗나갔던 것이었다.

"25개나 사려고 하는데 최대 얼마까지 가능할까요?"라고 묻지 않은 걸 후회했다.

또 하나의 사례는 필리핀에 내 파트너와 함께 시장조사 차 갔을 때이다. 당시 필리핀 영어 단기 캠프 장소를 물색하고 있었다. 소개를 받은 곳은 바닷가 바로 옆에 위치한 작지만 아름다운 연수시설이었다. 솔직하게 너무 마음에 들었다. 첫 번째 미팅을 하고 다른 후보지를 방문했는데 첫 번째 장소가 최고였다.

우리는 다음날 협상자리를 앞두고 밤새 전략을 짰다. 그리고 우리에게 가장 유리하지만 상대방이 전혀 받아들일 수 없는 금액으로 우선 주도권을 잡는 것이 첫 번째 전략이었다. 그 후 서로 조율해가며 좋은 조건을 만들어 가기로 했다. 다음날 우리는 정말 상대방이 받아들이기 힘들 것이라고 예상한 조건을 제시했다. 당연히 상대방은 당황스러울 것이라고 예상했다. 하지만 상대방의 답변에 우리가 더 당황스러워서 서로를 아무 말 없이 마주보기만 했던 일이다.

상대방의 답변은 "네, 원하시는 조건대로 해 드리겠습니다."였다.

상대방이 조금이라도 놀란 척이라도 했으면 잘 먹혔구나 했을 것이다. 너무 흔쾌히 수락하니 잘못된 접근이었고 좀 더 나에게 유리한 제안을 할 것이라는 후회가 들었다. 결국 여러 가지 사정으로 거래는 최종적으로 불발되었다.

상대방의 ZOPA를 모른다면 좀 더 신중하게 접근할 필요가 있다. 상대방이 먼저 제안해 준다면 상황이 쉽게 돌아갈 수도 있지만 주도권 때문에 먼저 제안하는 것이 적절할 수도 있다. 상대방의 ZOPA를 찾기 어렵다면 시장가격이나 시장조건들을 먼저 파악하여 좀 더 우리에게 유리한 조건에 대한 정보를 얻을 수 있다.

06

협상스타일에 따른 전략 수립 비법

우선 A와 B 중 나에게 더 가깝다고 생각하는 곳에 ○ 표시를 한다. 중복되는 내용에 개의치 말고 끝까지 표시해 나간다.

번호	타입	내용
1	A	나는 문제해결 책임을 상대방에게 전가할 때가 있다.
	B	의견이 일치하지 않는 부분에 대해 공통이익을 강조한다.
2	A	나는 타협점을 찾아내려고 노력한다.
	B	나는 나와 상대방의 관심사항에 초점을 맞추어 대화해 나간다.
3	A	나는 통상적으로 내 목표 달성을 위해서는 강경하다.
	B	나는 상대방의 감정을 건드리지 않도록 유의하며, 관계유지를 위해 노력한다.
4	A	나는 타협점을 찾아내려고 노력한다.
	B	나는 때때로 상대방이 원한다면 내가 원하는 것이라도 양보한다.
5	A	나는 해결 방안을 만들기 위해 끈기를 가지고 상대방의 참여를 요청한다.
	B	나는 불필요한 긴장관계를 피하기 위해 노력한다.

번호	타입	내용
6	A	나는 나 자신을 위해 불쾌한 일을 만들지 않으려고 노력한다.
	B	나는 내 입장이 채택되도록 노력한다.
7	A	나는 충분히 생각할 시간을 갖기 위해 필요하다면 쟁점사항에 대한 토의를 연기한다.
	B	나는 다른 것을 얻기 위해 얼마만큼은 포기한다.
8	A	나는 통상적으로 내 목표 달성을 위해서는 강경하다.
	B	나는 즉시 모든 관심사항과 쟁점사항을 상대방에게 알려준다.
9	A	나는 견해차이가 나더라도 항상 우려할 만한 것이라고는 느끼지 않는다.
	B	나는 내가 원하는 방향으로 끈기 있게 상대방을 유도한다.
10	A	내 목표달성을 위해서는 강경하다.
	B	나는 타협점을 찾아내려고 노력한다.
11	A	나는 즉시 모든 관심사항과 쟁점사항을 상대방에게 알려준다.
	B	나는 상대방의 감정을 건드리지 않도록 유의하며 관계유지를 위해 노력한다.
12	A	나는 논쟁을 불러일으키는 것을 막기 위해 내 생각을 밝히지 않는 경우가 있다.
	B	상대방이 내 입장을 존중한다면 나도 상대방의 입장을 존중한다.
13	A	나는 견해차이가 있을 때 중간 점 부근을 제안한다.
	B	나는 내 관점을 이해시키기 위해 끈기 있게 노력한다.
14	A	나는 상대방에게 내 입장을 말하고 나서 상대방의 입장을 밝히도록 요청한다.
	B	나는 상대방에게 내 입장의 이유와 그 이득을 이해시키려고 노력한다.
15	A	나는 상대방의 감정을 건드리지 않도록 유의하며 관계유지를 위해 노력한다.
	B	나는 긴장상태를 피하기 위한 조치를 취한다.
16	A	나는 상대방의 감정이 상하지 않도록 유의한다.
	B	나는 상대방에게 내 관점의 장점을 확신시키려고 노력한다.

번호	타입	내용
17	A	나는 내 목표달성을 위해서는 강경하다.
	B	나는 불필요한 긴장상태를 피하려고 노력한다.
18	A	나는 상대방에게 상당히 중요한 점이라면 그들의 관점을 존중한다.
	B	나는 상대방이 내 입장을 존중해 준다면 나도 상대방의 입장을 존중한다.
19	A	나는 즉시 모든 관심사항과 쟁점사항을 상대방에게 알려준다.
	B	나는 충분히 생각할 시간을 갖기 위해 필요하다면 쟁점사항에 대한 토의를 연기시킨다.
20	A	나는 쌍방의 견해차이가 있는 부분이 있다면 즉시 검토에 착수한다.
	B	나는 쌍방의 득실이 공평하게 반영되는 방안을 찾는다.
21	A	협상에 임하면서 나는 상대방의 관심사항에 대해 예민해지려고 노력한다.
	B	나는 언제나 문제를 직접 다루는 편이다.
22	A	나는 나와 상대방의 입장 사이에서 중간 타협점을 찾는다.
	B	나는 내가 원하는 사항을 주장한다.
23	A	나는 자주 쌍방이 원하는 모든 것을 충족시킬 수 있도록 하기 위해 노력한다.
	B	나는 문제해결 책임을 상대방에게 전가할 때가 있다.
24	A	만약 상대방의 입장에서 상대방에게 매우 중요해 보이면 그가 원하는 것을 확보할 수 있도록 한다.
	B	나는 상대방이 타협하도록 유도한다.
25	A	나는 상대방에게 내 입장의 이유와 그 이득을 이해시키려고 노력한다.
	B	협상에 임하면서 나는 상대방의 관심사항에 대해 예민해지려고 노력한다.
26	A	나는 중간점 부근을 제안한다.
	B	나는 거의 항상 쌍방의 욕구를 충족시키기 위해 노력한다.
27	A	나는 때때로 논쟁을 불러일으키는 것을 막기 위해 내 생각을 밝히지 않을 때가 있다.
	B	상대방에게 상당히 중요한 점이라면 그들의 관점을 존중한다.

번호	타입	내용
28	A	내 목표달성을 위해서는 강경하다.
	B	나는 해결방안을 만들기 위해 일반적으로 상대방의 참여를 요청한다.
29	A	나는 중간점 부근을 제안한다.
	B	나는 견해 차이가 나더라도 항상 우려할 만한 것이라고 느끼지 않는다.
30	A	나는 상대방의 감정이 상하지 않도록 노력한다.
	B	나는 항상 문제점에 대해 상대방과 의견을 나누어 함께 해결하도록 한다.

번호에 맞춰 A나 B에 표시하고 각 항목별로 동그라미 친 합계를 구한다.

각 항목별로 동그라미 친 합계

강압( ), 문제해결( ), 타협( ), 회피( ), 양보( )

	1	2	3	4	5	6	7	8	9	10	11	12	13	14	15	16	17	18	19	20	21	22	23	24	25	26	27	28	29	30
강압			A			B		A	B	A			B	B		B	A					B			A			A		
문제해결		B			A			B			A			A					A	A	B		A			B		B		B
타협		A		A			B			B		B	A					B		B		A		B		A			A	
회피	A				B	A	A		A			A			B		B		B				B				A		B	
양보	B		B	B							B				A	A		A			A			A	B		B			A

출처: R. H. Kilmann & W. Thomas

결과값을 다음에 표시한다.

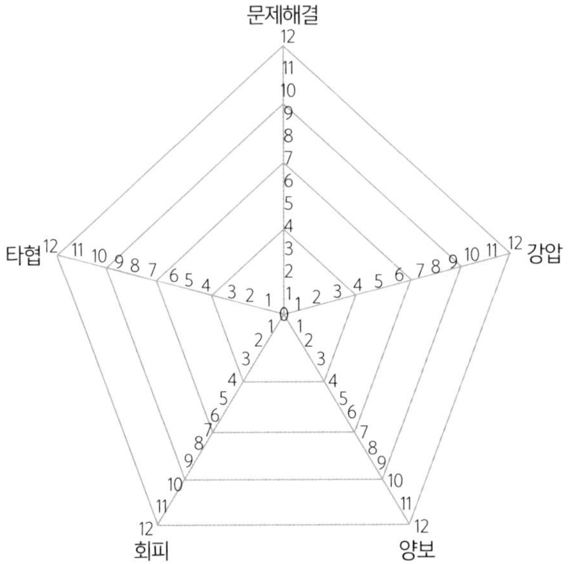

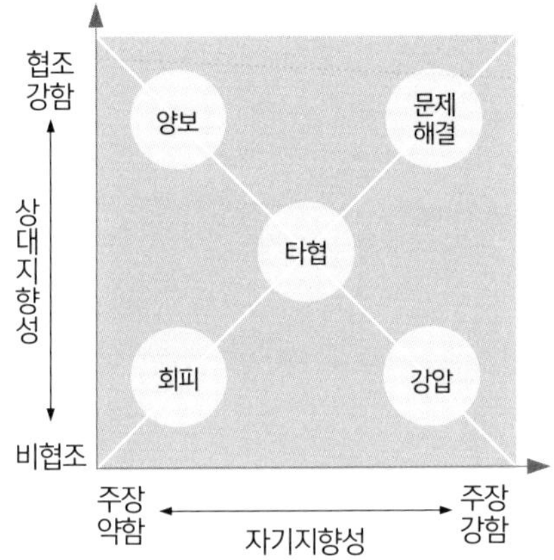

출처: R. H. Kilmann & W. Thomas

가장 많은 숫자가 나온 것이 내가 협상 시 가장 많이 사용하는 협상 스타일이다. 다음은 각각의 스타일에 대한 설명이다.

◆ 강압

- 목적: 자기 방식을 취하는 것
- 태도: "무엇이 옳은지 알고 있어. 내 판단과 권위에 대해 더 이상 묻지 마!"
- 논리적 배경: 내가 가진 입장을 포기하는 것보다 상대방에게 좀 괴로운 느낌을 줘도 괜찮다.
- 예상결과: 나는 만족하지만 상대방은 불만스럽게 생각한다.
- 주의할 점: 한 발 물러서는 법을 배워야 한다. 핵심은 상대방의 니즈를 감안하면서 목표를 달성하는 것이다. 상대방의 말에 귀를 기울이고 그들의 가치를 인정하라.

◆ 양보

- 목적: 상대방 방식을 따르는 것
- 태도: "어떻게 하면 상대방의 기분을 좋도록 해 줄 수 있을까?"
- 논리적 배경: 좋은 관계를 유지하는 것이 최우선 과제이다.
- 예상결과: 나는 불편하지만, 상대방은 만족하게 한다.
- 주의할 점: 표준과 약속에 초점을 맞춰야 한다. 상대에 대한 기본적인 정보를 많이 확보해야 효율적인 협상을 할 수 있다. 상대방에 대하여 정보를 얻지 못하면 목표를 달성하기가 어려워진다.

◆ 회피

- 목적: 갈등을 피하는 것
- 태도: "그 문제는 더 이상 거론하지 말고 덮어두지."
- 논리적 배경: 의견 불일치는 긴장을 유발하기 때문에 근본적으로 좋지 않다.
- 예상결과: 대인 간의 문제는 해결되지 않은 채, 추후 다방면에서 더 큰 괴로움을 주는 원인이 된다.
- 주의할 점: 다른 사람과 적극적으로 커뮤니케이션을 해야 원하는 것을 더 많이 얻을 수 있다. 상대에게 점진적으로 접근하며 대화하는 연습부터 시작하라.

◆ 타협

- 목적: 서로 적당히 양보하여 신속히 해결하는 것
- 태도: "상호 의견을 절충할 만한 해결책을 찾아보자."
- 논리적 배경: 질질 끄는 갈등은 사람들을 혼란케 하고 괴로운 느낌을 일으킨다.
- 예상결과: 참여자들이 신속한 해결책을 찾을 수 있다.
- 주의할 점: 처음부터 절충하려 하지 말고 모든 수단을 동원한 후에도 여전히 의견 차이가 좁혀지지 않을 때 절충이라는 마지막 카드를 내도록 하자.

◆ 문제해결

- 목적: 문제를 함께 해결하여 진정한 합의를 이루는 것
- 태도: "상호 만족하는 해결책을 꼭 찾고 싶소."
- 논리적 배경: 당사자 양쪽의 입장이 똑같이 중요하다. 결과의 질과 과정의 공정성이 동등하게 강조되어야 한다.
- 예상결과: 합리적 해결과 심리적(감정적) 만족감을 동시에 가질 수 있는 문제해결의 가능성이 매우 높다.
- 주의할 점: 신뢰할 수 없는 사람을 상대할 때는 무조건적으로 협조하기보다 점진적으로 접근할 필요가 있다.

예상되듯이 '상대지향적' 태도와 '자기지향적' 태도를 반영하여 가장 합리적인 결과를 도출하기 위한 문제해결 스타일이 가장 이상적인 협상스타일로 판단되는 것이 사실이다. 하지만 우리는 상황에 맞춰 협상 스타일을 바꿀 필요가 있다. 다음은 자동차 판매와 관련한 상황 예시이다.

〈양보 스타일의 사용〉

소개를 받은 고객인데 중소기업 사장이면서 지인도 많고 영향력이 상당히 크다. 조금 무리한 서비스 물품을 요구하긴 해도 매너는 좋아 보인다. 예전 카 매니저가 마음에 안 들어 전문성이 있으면서도 친절한 카 매니저를 찾아 왔다고 한다. 가족들과 직원들을

소개해 줄 수 있는데 신뢰가 간다.

고객: 내 친한 친구가 소개해 줘서 김 매니저님을 만났는데 전문적으로 잘 설명해 주셔서 고마워요.

카 매니저: 아닙니다. 제가 감사드리죠. 이렇게 사장님과 같이 멋진 분을 뵙게 되어 큰 행운이라고 생각합니다.

고객: 첫 거래니까 많이 좀 신경 써 주실거죠? 말씀 드린 서비스 물품 잘 챙겨 주시면 곧바로 소개 들어갑니다.

카 매니저: 저도 잘 알고 있습니다. 제가 앞으로도 잘 신경 써 드리도록 하겠습니다.

〈강압 스타일의 사용〉

고객이 너무 우유부단하다. 벌써 몇 번째 방문하면서 살 것처럼 말하다가 계약을 다음으로 계속 연기한다. 시간적으로도 힘들지만 자꾸 집중력이 흩어진다. 차라리 다른 고객에게 집중하는 것이 나을 것 같다.

고객: '크루○(자동차)' 정말 괜찮은 것 맞지요?

카 매니저: 제가 몇 번을 말씀드렸습니까? 정말 후회하실

일 없습니다.

고객: 몇 달 이후에는 새로운 신형 모델이 나오지 않을까요? 좀 더 생각해 보고 결정하는 것이 좋지 않을까요?

카 매니저: 다음에는 가격이 훨씬 오를 수도 있습니다. 저를 믿으시고 결정하세요. 지금 이 차량을 구입하는 것이 최고의 선택입니다. 저도 충분히 설명드린 것 같은데요……. 어떻게 계약서 준비해 드릴까요?

〈회피 스타일의 사용〉

너무나 터무니없는 조건을 제시하면서 계약하기를 희망한다. 가격을 무려 20%나 낮춰 달라는 것이다. 너무나 당연하다는 듯이 무례하게 말하니 나 역시도 기분이 좋지 않다. 차량 판매도 중요하지만 경험상 이런 고객들은 판매 이후에도 끊임없이 나를 괴롭힐 수도 있을 것 같은 생각이 든다.

고객: 요즘 차 판매가 안 돼서 다들 힘들다고 난리도 아닌데 그냥 손해 보는 셈 치고 그냥 깎아서 파세요.

카 매니저: 제 선에서 할 수 있는 수준이 아닙니다. 구입하신

다면 제가 드릴 수 있는 최고의 서비스를 제공하겠습니다. 아니면 다른 매장에서 확인해 보시고 오시면 어떨까요?

고객: 뭐 차 파는 데가 여기 밖에 없나? 다른 매장으로 가 보겠소.

〈타협 스타일의 사용〉

마감도 얼마 안 남았는데 시간이 별로 없다. 다음 약속도 잡혀 있어서 빨리 다른 고객도 만나러 가야 하는데 이 고객님이 당장 계약할 것 같지 않다. 다음에 또 만나 자세하게 설명하여 설득하기에는 나 역시도 여유가 없다. 아무래도 중간 지점에서 신속하게 마무리 짓는 것이 나을 듯하다.

고객: 매니저님, 많이 바쁘신 것 같은데 제가 말씀드린 내용 확인해 보시고 다시 뵙기로 하죠.

카 매니저: 김 과장님, 저의 입장을 이해해 주셔서 감사합니다. 저 역시도 요즘이 바쁠 때라 우선 이렇게 정리하면 어떨까요? 말씀해 주신 내용을 가능하면 모두 반영하여 계약하도록 할 테니 출고 일정만 조금만 양보해 주세요. 빨리

신청해야 조금 더 빨리 차량을 받아 보실 수 있습니다.

〈문제해결 스타일의 사용〉

참 어려운 상황이다. 잘 나가는 보험설계사인데 차량을 구입할 테니 새로 나온 암보험을 가입하라는 것이다. 난감하다. 암보험이 2개나 있고 요즘 보험료 때문에 부담이 크다. 당장 계약할 고객인데 포기하기는 아깝다. 다행히 아내의 도움으로 옆집 지인이 암보험이 필요하다고 하여 소개해 주었다.

고객: 매니저님, 암보험 가입을 소개해 주셔서 감사합니다. 저도 실적 때문에 많이 힘들었습니다.

카 매니저: 저도 마찬가지입니다. 영업하는 사람들은 평생 실적 스트레스를 안고 살게 마련이지요. 고객님도 보험가입 고객들이 정말 많다고 들었습니다. 저도 지인들이 많은 편인데 서로 홍보하고 소개해 주면서 도움을 주는 것이 어떨까요?

고객: 좋은 생각입니다. 차 한 잔 마시면서 천천히 이야기해 보시죠.

※ 협상 연습 문제

다음의 4가지 예시를 보고 해당 고객과 접했을 때 어떠한 협상 스타일로 접근하는 것이 유리할지를 판단해 보자.

사례 1 해당 지역에서 대단히 영향력 있는 대리점 사장인데 매너는 좋아 보인다. 최근까지는 우리 제품을 거의 취급하지 않았는데 이번에 큰 계약 건에 대해서 이야기 중이다. 그런데 원하는 것이 너무 많다. 고민 중이지만 다른 대리점 사장들과 무척 친해서 잘되면 긍정적인 영향을 미칠 수 있을 것 같다.

- 정답: 양보
- 이유: 영향력 있는 대리점 사장이라면 우선 상대방에게 전적으로 맞춰 줄 필요가 있다. 이런 유형의 사람인 경우 상대방이 마음에 든다면 분명 추가계약이나 소개 등을 통하여 다른 혜택을 제공할 가능성이 높기 때문이다.

사례 2 대리점 사장이 너무 우유부단하다. 벌써 몇 번째 방문해서 계약할 것처럼 이야기하다가 계약을 다음으로 계속 연기한다. 시간적으로도 힘들지만 자꾸 집중력이 흩어진다. 차라리 다른 대리점에 집중하는 것이 나을 것 같다.

- 정답: 강압
- 이유: 우유부단한 고객에게는 조금 강하게 나가는 것이 효과가 좋다. 확고하고 단호하게 밀어붙여 결론에 이르는 것이 효과적이다. 대체로 우유부단한 성향의 사람들은 주도적이고 확실한 스타일을 선호한다. 그래도 당연히 예의는 지키면서 말해야 한다.

사례 3 너무나 터무니없는 조건을 제시하면서 계약하기를 희망한다. 가격할인을 너무 요구해서 무척 힘이 든다. 너무나 당연하다는 듯이 무례하게 이야기하니 나 역시도 기분이 좋지 않다. 실적도 중요하지만 경험상 이런 고객들은 판매 이후에도 끊임없이 나를 괴롭힐 수도 있을 것 같은 생각이 든다.

- 정답: 회피
- 이유: 너무나 무례한 고객은 과감하게 버리는 것이 좋을 때도 있다. 좋은 사람들과 함께 하기에도 인생은 짧다.

사례 4 월 마감도 얼마 안 남았는데 시간이 별로 없다. 다음 약속도 잡혀 있어서 빨리 다른 대리점도 방문해야 하는데 이 대리점 사장은 당장 계약할 것 같지 않다. 다음에 또 만나 자세하게 설명하여 설득하기에는 나 역시도 여유가 없다. 원하는 것을 다 수용해 줄 수는 없지만 아무래도 중간 지점에서 신속하게 마무리 짓는 것이 나을 듯하다.

- 정답: 타협
- 이유 : 우리가 타협을 하는 이유는 시간을 아끼기 위해서이다. 중간에서 만나 신속하게 결론을 짓는 것도 시간을 아끼는 올바른 협상법이다.

07

입장과 이익을 항상 분리하라

협상을 시작할 때 먼저 상대방의 '입장'을 묻는다. 그리고 상대방의 입장을 중심으로 협상을 진행해 가는 경우가 많다. 물론 그 자체가 합리적인 과정일 수 있다. 하지만 문제는 지나치게 '입장'만을 생각하고 그 '입장'의 이면에 존재하는 '이익'에는 주의를 기울이지 않는다는 것이다.

미국 하버드대학의 협상전문가 로저 피셔 교수는 성공적인 협상을 위해선 입장과 이익을 구별하는 것이 중요하다고 강조한다. 여기서 '입장'은 '당면하고 있는 현재의 상황'이며 직접적으로 수면 위로 나타난 정보이다. 한편 '이익'은 '협상을 통하여 실제적으로 얻을 수 있는 혜택'이며 직접적으로 나타나지 않는 경우가 많다.

판매자와 구매자의 경우를 들어보자. 판매자는 생산시설에 꼭 필요한 장비를 팔고 있고, 가격은 1억 원 정도이다. 하지만 최근의 현금흐름 악화로 매출의 신장이 필요한 상황이다. 구매자는 새롭게 생산설비를 구매하려고 한다. 물론 판매자의 장비가 보통 1억 원 정도에 팔리고 있다는 것을 알고 있고, 이를 조금 더 싼 가격에 사고자 한다. 계절적 특수를 고려하여 가능한 한 빨리 생산설비를 갖추고자 한다. 이러한 상황에서 구매자가 판매자에게 8천만 원의 가격에 구매하고 싶다는 의향을 보였다고 하자. 이 상황은 다음과 같이 정리할 수 있다.

- 구매자의 입장: 가능한 한 싼 가격(8천만 원)에 장비를 구매한다.
- 판매자의 입장: 가능한 한 정가(1억 원)에 장비를 판매한다.
- 구매자의 이익: 성능이 우수하고 안정적인 서비스를 보장받을 수 있는 장비를 저렴한 가격에 구매한다. 신규투자를 가능한 한 빨리 마쳐서 계절 특수에 대비한다.
- 판매자의 이익: 가능한 한 적절한 수익을 유지하면서 매출을 신장한다. 현금흐름의 개선을 위해 가능한 한 빨리 현금 입금이 필요하다.

판매자가 구매자로부터 들은 입장은 단순하다. 8천만 원에 장비를 구입한다는 것이다. 하지만, 판매자는 지금까지 1억 원에 장비를 판매해 왔으므로, 이 가격은 자신의 기대 수준에 미치지 못한다고 생각한다. 결국 판매자와 구매자는 다음과 같이 서로 대응한다.

판매자: 단 한 번도 8천만 원에 판매한 적이 없습니다. 1억 원이 저희가 판매하는 가격입니다.

구매자: 저희도 1억 원에 장비가 판매된 적이 있다는 것을 알지만, 제품의 성능에 좀 문제가 있다고 들었습니다. 따라서 어느 정도 그 부분이 고려되어야 한다고 생각합니다.

판매자: 일부 작은 부분에서 문제가 있었지만, 이미 해결되었습니다. 설령 그런 점들을 고려한다 해도 전반적인 성능에 비해서 1억 원의 가격도 저렴한 편입니다.

위와 같이 서로의 입장만을 고수하여 부정적인 대화가 흐르는 협상 상황을 자주 경험한다. 우선 구매자의 경우처럼 부정적인 정보를 이용하여 상대방의 제품에 대해 공격적인 의견을 제시할 경우 그다지 좋은 결과를 가져오지 못한다. 반드시 주의해야 할 부분이다.

단순히 가격만을 비교하여 팔고 사려는 입장에서 벗어날 필요가 있다. 그 외의 이익들에 집중하면 어떨까? 판매자의 입장에서는 현금흐름의 개선을 위해 가능한 한 적절한 수익을 담보하면서 빠른 시일 내에 판매하고, 대신에 판매 즉시 어음이 아닌 현금으로 대금을 지급할 수 있도록 하는 것이다.

구매자의 입장에서는 적절한 성능을 담보 받고 가능한 한 빠른 설치를 요청하여 계절 특수에 대비하는 것이 포괄적인 이익이라 볼 수 있다. 따라서 단순히 가격이라는 입장만을 고수하여 상대방의 제품을 비하하거나 다른 경쟁사와 비교하는 식의 경쟁적인 전략들은 상대방으로 하여금 감정적인 대응을 불러일으키게 되므로 주의할 필요가 있다. 다시 정리하면 입장과 이익을 분리해서 생각하고 가능하면 이익에 집중하여 좋은 협상 결과를 내도록 노력하자.

또 다른 관점에서 협상 전에 협상을 통하여 얻을 수 있는 모든 이익의 우선순위를 정해 보자. 협상을 하게 된 이유가 무엇인지, 그 문제를 해결하기 위해서 필요한 요소들이 무엇인지를 반드시 고민할 필요가 있다. 창의적이고 문제해결적인 협상을 위해서는 먼저 입장과 이익을 분리하는 것이 중요하다. 그 이야기는 상대방에 대한 고려에 앞서 나의 이익에 대해 철저하게 분석을 해야 한다. 무엇이 나의 진정한 이익인지를 알아야 하는 것이다.

만약 전원주택을 사기로 입장을 정했다고 하자. 전원주택을 구입해서 얻을 수 있는 다양한 이익들이 존재한다. 도심에서 떨어진 자연 속에서의 근사한 삶이 목적일 수도 있고, 도시 생활에서 허약해진 건강 회복이 목적일 수도 있다. 전원주택을 통해서 얻을 수 있는 이 두 가지 이익을 충족시키기 위해서는 서로 다른 문제들이 우선적으로 고려되어야 한다.

자연 속의 삶을 위해서 전원주택을 장만하기 원한다면, 주변에 번잡스러운 시설들이 있는지 그리고 향후 전원 분위기를 해칠 개발계획 등이 있는지를 고려해야 한다. 반면, 건강을 위해 전원주택을 구입할 목적이라면 위급 상황을 고려하여 근처에 병원이 있는지 또는 신속하게 도시로 이동할 수 있는 도로 여건이 갖추어져 있는지를 우선적으로 고려해야 한다. 결과적으로 어떤 이익을 목적으로 하느냐에 따라 고려해야 할 우선순위가 명확하게 달라질 수 있는 것이다.

08

협상의 불확실성과 압박감을 극복하는 방법

불확실성과 압력하에서도 명쾌하게 협상할 수 있는 능력은 특히 큰 협상 자리일수록 너무나 필요한 자질이다. 어떠한 경우에도 중요한 협상 자리에 불확실성과 압력에 큰 부담감을 느끼는 사람을 내보내지는 않는다. 국가의 관점이라면 대단히 민감한 외교적인 문제를 다루는 협상자리, 비즈니스 상황에서는 큰 매출이 걸려 있는 프레젠테이션 등이 될 수 있겠다. 결과에 따라 국가나 회사에 큰 영향을 미칠 수 있다는 압박감이 협상 자리에서의 집중력을 빼앗게 된다.

길지만 '압박감을 이겨내는 능력'으로 바꿔 표현하겠다. 물론 중요한 능력이지만 준비가 잘 되어 있지 않거나 제시할 자원이 부족하거나 정보가 미흡하다면 무용지물일 수 있다. 다른 조건들을 기본적으로 충실히 갖춘 상태에서 이 능력은 큰 효과를 발휘한다는 점을 알아야 한다. 왜냐하면 천성적으로 대담한 사람이 존재한다. 깡이 있고 겁이 없는 사람이다. 이런 사람들은 스스로 '압박감을 이겨내는 능력'이 뛰어나다고 생각할 수 있다. 하지만 위험하다. 사전 준비에 소홀할 가능성이 높아 큰 실패를 맛볼 가능성 또한 높기 때문이다. 제대로 된 준비 없이 호기 있게 큰 투자와 위험을 감수한 채 밀어붙이는 것은 최악이다. 물론 제대로 준비가 된 상황이라면 대담한 성격은 확실히 유리하다.

압박감을 이겨내는 능력은 천성에도 기인하겠지만 다른 요소들에 의해 더욱 크게 결정된다. 철저한 사전 준비와 현안에 대한 정보, 시행착오를 통한 많은 경험, 함께 하는 사람들에 대한 신뢰 등에 의해 압박감을 효과적으로 이겨낼 수 있다.

나도 겁이 없는 편이다. 그래서 사전 준비 없이 무엇인가 하다가 많이 실패했다. 다행히 지금은 많이 정신 차렸고 대담하게 행동하고 압박감을 즐기려고 노력하지만, 기본적으로 과정에 대한 준비의 중요성을 너무나 잘 알고 있다.

인생 자체가 협상이다. 인생 자체가 불확실성과 압박감의 연속이다. 이러한 인생의 본질을 받아 들여야 한다. 인생이라는 큰 협상에서 이기기 위해서는 기본적으로 대담해져야 한다. 아이러니하게도 인생 자체가 불확실성과 압박감의 연속이라는 점을 인정하는 순간 마음이 편해지고 여유로워진다.

반대로 불확실성과 압박감을 인정하지 않는 사람은 항상 인생에 대해 불만을 늘어놓는다. 항상 인생은 내가 원하는 방향으로 움직이지 않고 한시도 마음 편히 있을 때가 없다고 말이다. 이러한 사람은 큰 협상에 참여할 자격이 없다. 만족감 있는 결과를 얻고 성취감을 경험하고 싶다면 좀 더 용기를 내고 대담해져야 한다. 물론 충분한 준비를 갖춘 상태에서 말이다.

미국과 FTA 협상을 해 왔던 전 외교통상부 장관은 미국과 협상할 때 엄청난 압박감을 느꼈다고 한다. 너무나 민감한 현안들을 긴장감 있게 다루려면 정신을 바짝 차리고 있어야 했다고 한다. 결국 정신줄을 놓지 않기 위해 소위 '깡' 하나로 버텼다고 한다. 중요한 협상에는 엄청난 압박감이 수반된다.

영업은 그 자체가 협상이라고 말할 수 있다. 자동차 판매왕인 이 소장은 "차가 팔리지 않고 신경이 극도로 예민해지면 눈을 감고 명상에 잠긴다."며 "나는 할 수 있다. 나는 이겨낼 수 있다는 최면을 걸고 가난했던 시절을 떠올리며 약해지는 정신을 가다듬는다."고 말했다.

판매왕들의 가장 큰 특징은 강한 정신력이다. 어떤 어려움이 닥쳐도 극복할 수 있는 위기 극복 정신을 그들은 강조한다. 차가 잘 팔리는 달이 있는가 하면 한 대도 못 팔 정도로 어려운 달이 닥치기도 한다. 이때 슬럼프를 극복하기 위해선 정신력 외에는 특별한 대안이 없다고 이들은 말한다.

나 역시도 수없이 많은 협상 자리를 경험하게 된다. 그래서 인생 자체가 협상이라고 생각한다. 내가 회사 대표로서 자주 맞닥뜨리는 협상 자리는 공공입찰 프레젠테이션이다. 발표와 질의 시간이 총 20분 정도로 끝나게 되는 긴박하고 긴장감 넘치는 협상의 장이라고 할 수 있다.

경험해 본 사람들은 잘 알겠지만 결코 쉬운 자리가 아니다. 그래서 가끔은 내가 일정이 되지 않아서 다른 담당자가 가게 되길 바랄 때도 있다. 그만큼 대표인 나로서도 부담이 되는 자리이다. 오랫동안 준비한 시간과 노력이 한 번에 날아 갈 수 있다는 부담감, 이번에 수주하지 않으면 회사 경영 상태가 위험해질 수 있다는 불안감, 좋은 아이디어와 체계적인 내용으로 한껏 무장한 경쟁사보다 우리가 과연 잘 준비했을까 하는 의구심 등을 이겨내야 한다.

다행히 최근 수차례 큰 계약들을 수주했다. 우리 회사 같은 소기업이 크고 경험 많은 회사와 상대해서 공공입찰에서 수주한다는 것은 정말 어려운 일이다. 다윗과 골리앗의 싸움과도 같다. 운좋게도 1년 정도의 노력 끝에 첫 번째 수주를 했지만 그 전까지는 과연 우리 회사가 가능할까라는 의심이 들었다.

수없이 도전하지만 한 번도 수주에 성공하지 못한 회사들도 무수히 많다. 대형회사에서 근무하며 수주확률이 높았던 입찰 전문가들도 작은 회사로 이직하거나 본인 회사를 차려 입찰에 참여한 후 수주하는 것은 생각보다 쉽지 않다. 조직의 배경을 무시한 결과이다. 지금은 노하우도 많이 쌓였고 자신감도 생겼다. 그래도 여전히 중요한 판단은 처음부터 잘 분석하여 회사의 규모나 실적 면에서 우리 회사에게 불리하다면 아예 참여하지 않는 것이다. 이길 수 있는 전쟁에만 병력을 투입하겠다는 것이다. 호기롭게 참여하게 되면 많은 것을 잃게 되기 때문이다.

다음의 세 가지는 프로골퍼들이 주로 사용하는 심리적 압박감을 이기는 방법이다. 협상 상황에서도 적용할 수 있을 것이다.

첫 번째, 세 번의 심호흡을 해라. 필드에서 가장 긴장되는 순간은 개인마다 다르다. 초보자일수록 첫 티샷 때가 가장 긴장되는 순간일 것이고, 중급자에게는 해저드를 넘겨 쳐야 하거나 기술적으로 어려운 샷을 할 때가 될 것이다. 하지만 상급자들에게는 아마도 꼭 성공을 시켜야 하는 짧은 퍼팅이 아닐까 생각된다. 특히 내기라면 더욱 그럴 것이다. 이렇게 긴장이 되는 순간에는 심호흡을 크게 3번 정도 해 주는 것이 좋다. 이것은 집중력을 더 높이고 성공적인 샷으로 이어질 수 있도록 만든다.

두 번째, 처해진 한 샷만 생각해라. 어떤 클럽을 사용하든 견고

한 임팩트를 만들어 내기 위해서는 적절한 헤드 스피드와 올바른 스윙 패스로 치는 것은 마찬가지이다. 이 점을 잘 이해하고 볼을 치면 보다 이상적인 임팩트를 만들어 낼 수 있다.

세 번째, 샷을 하기 전 좋은 그림을 그려 보아라. 어려운 상황에 처해 있을 때, 즉 앞에 장애물이 있을 때 넘겨서 쳐야 할 경우나 또 다른 트러블 상황에서는 심리적으로 위축될 수밖에 없다. 자신의 샷에 대한 확신이 서지 않고 실수에 대한 두려움이 앞서게 된다. 이러한 정신적인 문제가 자신의 기술력을 감소시키게 된다.

부정적인 생각은 실제로 샷을 할 때는 실패 확률을 높인다. 이때 볼 뒤에서 목표 지점을 보고 자신이 쳐야 할 샷을 머릿속에 미리 그려보는 것이 좋다. 중요한 것은 볼이 잘 뜨고 아름답게 날아가서 홀 가까이에 안착되는 멋있는 그림을 그려야 한다는 것이다. 긍정적인 생각과 그림은 심리적인 안정감을 주게 되고 또한 확실한 이미지를 가지고 볼을 쳤을 때 그만큼 성공 확률도 높아지게 된다.

정리해 보면 협상 상황의 심리적 압박감을 이기기 위해서는,

첫째, 협상 전이나 중간 중간 심호흡을 하는 것이다. 개인적으로도 가장 효과가 있다고 판단된다. 심호흡을 하면 확실하게 현재의 상황에 집중되고 두려움이 사라진다.

둘째, 준비했던 것에만 집중한다. 협상은 얼마나 준비했느냐에

따라 결과가 달라진다. 물론 생각하지 못했던 다양한 변수가 벌어질 수 있지만 내가 계획한 것과 준비한 것에 집중해야 주도권을 잡을 수 있다.

셋째, 좋은 결과가 있으리라는 자신감을 가지고 협상에 참여한다. 잘 될 것이라는 기대감이 결과에도 긍정적으로 작용할 것이다.

개인적으로 좋아하는 골프 선수 중에 '게리 플레이어'라는 선수가 있다. 흑기사로 불리는 게리 플레이어는 지구를 500번 이상 돌아다니며 메이저 9승을 포함하여 총 250여 회 우승을 거두었다. 그는 신장이 170cm의 단신이며 골프 불모지인 남아공 선수임에도 불구하고, 아놀드 파머와 잭 니클라우스와 함께 세계 3대 골퍼로 불리는 사람이다. 우승을 한 이후 게리 플레이어는 기자들의 질문에 다음과 같이 말했다.

"연습을 많이 하면 운이 좋아진다."

개인적으로 정말 좋아하는 명언 중의 명언이다. 왜 그는 연습을 많이 하면 실력이 좋아진다고 하지 않고 운이 좋아진다고 했을까? 연습을 많이 하면 섬세한 샷을 할 수 있고 중요한 순간 간발의 차로, 정말 한끝 차이로 승리를 차지할 수 있기 때문이다.

간발의 차로 우승을 하면 겉보기에 운이 좋아 우승한 것으로 보인다. 좋은 재능과 타고난 신체적 조건에도 불구하고 충분한 연습을 하지 않는 선수들은 어떨까? 아마도 하루 종일 경기를 잘 치르고 있다가 단 한 번의 실수로 인해 간발의 차로 우승 문턱에서 좌절하는 경우가 생길 것이다. 연습을 많이 하면 확실히 실수가 줄어들 뿐만 아니라 압박감을 이겨낼 수 있는 안정감이 생기며 이로 인해 좋은 결과로 이어질 행운에 가까워진다.

비즈니스 상황에서의 연습이란 평상시의 사전준비라고 볼 수 있다. 사전에 고객들을 많이 만나고 시간을 들여 많은 준비들을 하면 확실히 비즈니스 결과가 좋아진다. 결국 비즈니스에 들이는 시간과 노력이 운을 좋게 한다.

좋은 결과를 내기 위해서는 단편적인 요행을 바라지 말고 충분한 계획과 준비로 압박감을 이겨내고 기운(氣運)의 흐름을 장악하라!

09

협상의 성패를 좌우하는 감정통제능력

인내심이 없는 사람을 중요한 협상 자리에 보내면 안 된다. 왜냐하면 중요한 협상은 결과가 나오기까지 오래 걸릴 수 있기 때문이다. 인내심이 없는 사람들은 결과가 빨리 나오지 않으면 그 협상을 계속적으로 끌고 가기를 원치 않고 쉽게 다른 기회들을 찾아 기웃거린다. 매우 어리석은 일이다. 특히 B2B 협상이나 조직과 조직과의 협상처럼 의사결정이 오랫동안 걸리는 경우에는 인내심이 필수이다.

확실히 나는 예전보다 인내심은 나아졌다. 뭐 하나 빨리 결정되어 진행되는 것이 없다는 것을 알았기 때문이다. 많은 시행착오를 통해 얻은 보석 같은 진리이다. 협상뿐만 아니라 사업이 성장하는 것, 직원이 업무를 제대로 수행하는 것, 능력을 제대로 인정받는 것, 책이나 논문을 쓰는 것 등 어떠한 의미 있는 것에는 시간이 필요하고 인내심이 반드시 수반된다.

그래서 지금은 어느 직원이 들어오건 1년은 기다릴 생각을 한다. 이상하게 딱 1년 지나면 제 역할을 한다. 만약 당신이 인내심이 부족하다면 상대적으로 결과가 빨리 나오는 일이나 사업을 해야 한다. B2B보다는 B2C가 맞다. 왜냐하면 조직이나 단체의 결정보다는 개인 한 명의 결정이 일반적으로 빠르기 때문이다. 아무튼 크고 중요한 결정은 시간이 많이 걸리기 때문에 의식적으로 성급하거나 쫓기지 않는 모습을 보일 필요가 있다.

실적이나 금전적 요인 때문에 상대방에게 강요를 한다거나 다그치는 인상을 준다면 신뢰를 잃게 된다. 아니면 딱 한 번의 계약으로 관계는 끊길 가능성이 높다. 왜냐하면 그 사람이 불편해졌기 때문이다. 모든 사람들은 그 협상의 결과, 즉 계약이나 거래가 상대방의 강요가 아닌 내가 원해서 한다는 감정을 갖기를 원한다.

한 후배가 있었다. 그 후배는 IT 관련 사업을 하고 있었고 나에게 도움 받기를 바랐다. 결국 회사 홈페이지를 새롭게 만들기로 했는데 개인적으로 가깝다는 이유로 자꾸 재촉하는 것이었다. 어쩔 수 없이 요청에 의해 모든 금액을 선지급했는데 강요받는 느낌 때문에 그렇게 달갑지는 않았다. 일반적으로 계약금, 중간정산금액, 납품후 금액 등으로 나누어 지급한다. 후배와 일을 진행해 보니 문제가 생겼다. 홈페이지 시안도 정말 마음에 들지 않았고 기존의 우리 회사 데이터들과 연계되지 않는 문제들 때문에 계속 진행하기 어려운 상황이 벌어졌다. 진행 초반이라 전체 지급한 금액 중 1/3 정도만 돌려 달라고 요청했는데 후배는 계약파기라는 말만 남기고 연락이 끊겼다. 결국 홈페이지는 따로 돈을 들여 다른 업체를 통해 마무리할 수밖에 없었다. 그 후배와의 인연도 거기서 끝났다. 결과적으로 오래갈 인연은 아니라고 생각하니 마음이 편해졌고 이를 통해 많은 것들을 배웠다. 그 이후부터는 나도 상대방을 너무 재촉하지도 않지만 만약 상대방이 재촉해도 평정심을 가지고 좀 더 신중하게 결정하고 있다.

감정통제능력도 인내심과 연계된다. 감정을 잘 통제하지 못하는 사람 또한 중요한 협상자리에 보내는 경우는 드물다. 감정을 통제하지 못하면 잃는 것들이 무척 많다. 우선 감정을 잘 통제하지 못하는 사람을 만나면 누구든지 기본적으로 불편함을 느끼고 어떤 경우에는 불쾌감까지 경험하게 된다. 이런 경우 상대방은 협상을 잘 이어나가려는 생각보다는 그와 같은 사람과 협상을 통하여 무언가를 하고 싶은 감정이 사그라지게 된다. 당장 그 자리를 떠나고 싶은 생각조차 든다. 결론적으로 감정을 잘 통제하지 못하는 사람은 협상 자체를 망쳐버린다.

물론 상대방이 나의 심기를 건드릴 수도 있다. 가끔은 자존심이

상할 수 있다. 하지만 우리의 협상의 목표는 목표를 달성함에 있다. 모든 것들이 나에게 불리해지는 협상일지라도 나중을 위해 또는 그냥 좋은 평판이나 이미지라도 남기기 위해 좋은 분위기로 끝마치는 것도 현명한 방법이다. 그리고 화가 안 풀린다면 협상 자리를 떠나 상대방을 엄청 욕하는 것이다. 상대방은 내가 뒤에서 엄청 욕한다는 것을 전혀 모를 것이다.

감정통제능력은 협상 상황에서 절대적으로 중요하기 때문에 평소 훈련이 무척 중요하다. 친구들과 있을 때라든지 편하게 대할 수 있는 부하직원들과 있을 때조차 감정을 통제하는 훈련이 필요하다. 물론 아내나 가족과 함께 있을 때까지 절대적으로 감정통제를 하라는 것은 아니다. 신이 아닌 이상 불가능하기 때문이다. 특히 사람들은 잘 살펴보면 음식점이나 상점에서 별 것 아닌 것으로 지나치게 화를 내는 사람을 볼 수 있는데 확실히 감정통제 훈련이 되지 않았다. 아니면 평생 갑으로 살아서 세상 무서운 것 모르는 사람일 것이다. 언젠가 혹독한 대가를 치룰 가능성이 많다. 갑자기 땅콩(사실은 마카다미아) 때문에 비행기를 돌린 사건이 생각난다.

협상은 생각보다 감정이 많은 영향을 미친다. 인간이 하는 일이기 때문이다. 대부분 내가 원하는 것처럼 절대적으로 되지 않는 것이 협상이다. 협상 상황에서 어떠한 감정을 느끼는 것은 인간으로서 성상적이지만 그 감정을 지나치게 노출해서는 안 된다. 화난 감정, 슬픈 감정, 불편한 감정, 조급한 감정 등은 상황에 따라 통제하는 것이 중요하다. 특히 욱하는 듯이 화난 감정을 여과 없이 그대로 쏟아 내는 것은 협상 하수이다.

지금은 많지 않지만 예전에는 다짜고짜 화를 낸 뒤 "내가 욱하는 성격이 있어서요. 이해해 주세요."라고 말하는 사람이 정말 많았다. 정말 안 좋은 변명이다. 누구나 욱하는 성격 있다. 나도 욱한다. 그냥 참고 사는 것이다. 그래서 누가 그렇게 말하면 이렇게 대답한다.

"알겠는데요. 나한테는 욱하지 마세요. 나도 욱하는데 참고 살거든요."

협상은 목표 달성에 있다. 감정이 올라오면 못 올라오게 억누르고 이성적인 태도를 취하라. 그리고 목표에 집중하라.

PART 2

자신을 만만치 않은 상대로 여기게 만드는 협상술
_대안의 비법

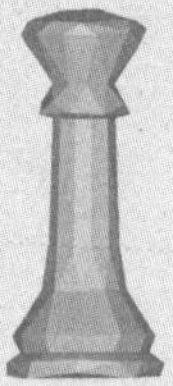

10

배수진(背水陣)은 협상의 독배(毒杯)이다

배수진이란 더 이상 물러설 데가 없는 절박한 상황에서 필사의 노력을 기울여 어떤 일에 대처해나가는 태도나 방법을 가리키는 말이다.

중국 한나라의 명장 한신이 조나라 군을 공격할 때의 일이다. 한신이 조군(趙軍)에게 쫓기며 진을 쳤는데, 큰 강을 뒤로 하고 진을 쳤다. 한신의 군대가 친 진을 바라보던 조군은 그 어리석은 진법에 코웃음을 쳤다. 그러나 한 발짝이라도 뒤로 물러서면 강물에 빠져 죽게 되어 있는 한신의 군대는 이 같은 막다른 진영에서 모든 병사들이 적군을 맞아 죽기 살기로 싸워 결국에 승리할 수 있었다.

죽을 각오로 싸우기 위해 물러설 곳 없는 지형에서 적과 붙는다는 것은 실제 전쟁이라면 다소 호기롭지만 장엄하고 감동적이다. 하지만 이기면 좋겠지만 자칫하면 모두 몰살당할 수도 있다. 다른 기회를 도모할 수 없는 상황이 벌어질 수도 있는 것이다.

협상에서는 어떠한 경우든지 배수진은 위험하다. 그냥 한 가지 선택만 있을 뿐이고 대안이 없는 것은 무모하다.

내가 좋아하는 〈손자병법(孫子兵法)〉만 봐도 승리를 위해서 한 가지 방법만을 강조하지 않는다. 손자는 36개의 대안을 가지고 전쟁에 임해야 한다고 말한다. 〈손자병법〉에는 배수진과 같은 극한의 계책은 없다. 대신 승리를 위한 몇 가지 계책을 소개한다.

第 1 計 瞞天過海(만천과해)_하늘을 속여 바다를 건너다.

주도면밀하게 준비되었다고 자만하는 사람에게는 반드시 해이한(怠) 마음이 일어난다.

늘 눈에 익숙하게 보아온 것에 대해서는 의심을 갖지 않게 된다. 어떤 일을 함에 있어 평상시 습관처럼 보이면 의심을 품지 않는 법이다. 은밀한 계략과 공개적인 형식은 서로 상반되지 않고, 반대로 음모는 밖으로 드러난 공개적인 행위 속에 감추어져 있는 법이다.

第 15 計 調虎離山(조호이산)_적을 꾀어낸다.

'손자'는 성을 공격하는 것은 하책(下策)이라고 말하고 있다. 무턱대고 공격만 하는 작전은 스스로 실패를 불러올 뿐이다. 적이 유리한 지형을 차지하고 있는 이상, 그것을 뺏으려 들어서는 안 된다. 하물며 적이 만반의 준비를 갖추고 있고 병력도 많을 경우에는 더 말할 나위도 없다.

第 26 計 指桑罵槐(지상매괴)_넌지시 경고를 발한다.

강자가 약자를 굴복시키는 방법 중에 경고의 방법이 있다. 웬만한 강경책이면 상대의 지지를 얻을 것이고, 과감한 수단을 쓰면 상대를 굴복시킬 수 있다. '지상매괴'란 뽕나무를 가리키며 회나무 흉을 보는, 즉 직접적으로 상대를 비판하지 않고 제3자를 비판함으로써 자기가 뜻하는 바를 간접적으로 상대에게 전하는 방법이다. 다시 말해서 직접 본인에게 명령하는 대신 정보를 제공함으로써 간접적으로 자기 의사와의 일치를 꾀하는 것이다. 〈손자병법〉에는 우리가 많이 들어 봤던 몇 가지 계책, 즉 재미있는 대안이 있는데 바로 미인계와 36계 줄행랑이다. 줄행랑은 도망가는 것이 최선이라는 것이다. 배수진과는 사뭇 다른 전략이다.

第 31 計 美人計(미인계)_미인을 쓰는 계략이다.

병력이 강대하고 그 지휘자가 뛰어난 장수라면 싸워서는 안 된다. 오히려 이쪽에서 일시적이나마 순응하는 태도를 취해야 한다. 적에게 순응하는 방법은 여러 가지가 있겠지만, 전국 시대의 6개

국처럼 진나라에 국토를 진상하는 방법은 적의 세력만 강대하게 해 주기 때문에 가장 좋지 않은 방법이다. 또 송나라가 요·금나라에게 그랬듯이 돈이나 비단을 헌납하면 적의 재력이 불어나므로 이것도 또한 좋지 않은 방법이다. 그러나 미인계에는 이러한 약점이 없다.

第 36 計 走爲上計(주위상계)_도망가는 것이 상책이다.

후퇴하여 적을 피하고 물러남으로써 기회를 보아 적을 공격한다. 이것은 정상적인 용병 법칙에 어긋나는 것이 아니다. 적의 병력이 압도적으로 우세하여 이쪽에 승산이 없을 때에는 투항하거나, 강화를 맺거나, 퇴각하는 세 가지 길밖에 없다. 투항은 전면적인 실패지만, 퇴각은 실패가 아니라 승리에로의 열쇠가 될 수도 있다.

협상은 전쟁과도 같다. 이겨야 하고 이익을 취해야 한다. 하지만 정말 전쟁처럼 상대방을 완전히 파괴하기 위한 협상은 피해야 한다. 부전승(不戰勝)이라는 말이 있다. 싸우지 않고 이기는 것이다. 〈손자병법〉이 강조하는 것은 '全'이다. 온전할 전을 의미한다. 나도 온전하고 상대방도 온전한 상태에서 목적을 달성하는 법을 찾는 것이 〈손자병법〉의 핵심이다.

그래서 사람들은 "무조건 져주세요. 지는 게 이기는 겁니다."라고 말하는 것일까? 아무래도 나에게는 안 맞다. 천성적으로 지는

게 싫다. 아무튼 서로가 온전한 상태에서 목적을 달성하는 것이 합리적인 협상일 것이다. 그래서 배수진을 치면 격해질 수 있고 협상 자체가 파괴될 수도 있다.

출구 전략(Exit Strategy)이라는 말이 있다. 문자 그대로 어떤 상황을 벗어나는 데 있어서 필요한 전략을 말한다. 출구 전략은 원래 군사 전략에서 비롯된 용어인데 작전 지역이나 전장에서 피해를 최소화하면서 철수하는, 전쟁을 끝내는 전략을 의미한다. 베트남 전쟁에서 발이 묶인 미국이 승산 없는 싸움에서 피해를 최소화하면서 군대를 철수할 방안을 모색할 때 제기된 용어로 알려져 있다.

협상 상황에도 출구 전략이 필요하다. 내가 원하는 방향으로 협상이 진행되지 않을 경우 당신은 출구를 찾아야 한다. 만약 대안 몇 가지를 잘 준비하고 있다면 협상 상황을 좀 더 편안하게 지켜볼 수 있다.

가끔은 상대방이 배수진을 치고 협상에 나올 때도 있다.

"이 가격 아니면 안 되고, 이 조건 아니면 안 됩니다."

물론 기분이 상할 때도 있지만 필요하다 싶으면 상대방의 조건에 일방적으로 맞춰 주기도 한다. 그런데 중요한 것은 상대방의 조건에 일방적으로 맞춰 준 나는 기분이 상했다는 것이다. 그래서 다음번에 그렇게 나올 것을 대비한다.

"이번에도 이 가격 아니면 안 되고, 이 조건 아니면 안 됩니다."

나는 말한다.

"아, 그렇군요. 잘 알겠습니다. 이번에는 진행하기 힘들 것 같네요."

상대방은 무척 당황한다.

"왜 안 되는 것이지요?"

질문을 받으면

"수익이 크지 않습니다."라고 솔직하게 말한다.

물론 여기서 거래가 끝나는 경우도 있지만 상대방은 다시 묻는다.

"어떠한 조건이면 가능하겠습니까?"

나는 말한다.

"이 정도 조건은 맞춰 주셨으면 합니다. 한번 고민을 해 주실 것을 부탁드립니다."

나는 그동안 대안을 물색했다. 다른 거래처를 잡아 놓은 것이다. 확실히 비즈니스에서는 대안이 많아야 협상이 유리해진다. 채용에 있어서도 회사 입장에서는 우수인재라는 대안이 많아야 협상에 유리해진다. 내가 몸소 체험하고 배운 비즈니스 기술 중의 으뜸은 주도권을 갖는 것이다.

주도권을 가지면 협상이 유리해진다. 꼭 돈을 지급하는 '갑'의 입장이라고 주도권을 갖고 있는 것이 아니다. 비싼 돈을 내고 콘서

트에 찾아오는 청중이 아니라 BTS와 같은 아이돌에게 주도권이 있는 것이다. 그만큼 가치가 있고 찾는 사람이 많으면 주도권이 생긴다. 하지만 여기서 중요한 것은 상대가 주도하는 감정을 느끼게 하는 것이다. 협상 고수들이 하는 전략이다.

협상에서 배수진을 치지말자.

인생도 그런 것처럼 비즈니스도 내 뜻대로 정확하게 이루어지는 것은 거의 존재하지 않는다. 인생 자체가 완벽하지 않듯이 비즈니스도 완전할 수 없다. 안 될 것을 대비하여 대안을 설정하고 출구 전략을 고민하자.

11

허점을 찾아 자승자박(自繩自縛)을 이끌어낸다

'자승자박(自繩自縛)'이란 제 줄로 제 몸을 옭아 묶는다는 뜻으로, 자신이 한 말과 행동으로 말미암아 자신이 구속되어 괴로움을 당하게 됨을 이르는 말이다.

자승자박의 방법을 항상 쓰는 것은 위험이 따른다. 상대방과의 관계가 그것으로 끝날 수 있기 때문이다. 상대방의 자존심이 상할 수 있다는 점을 이해해야 한다. 또는 너무 자주 쓰면 상대방이 대비하고 있다고 역으로 치고 들어 올 수도 있다.

일반적으로 상대방이 협상을 잘 이해하지 못하고 있거나 너무나 일방적이며 상식적인 규범조차 무시하는 경우, 그리고 이번 한 번으로 끝내고 싶을 경우 사용할 수 있다. 상대방이 문제를 해결하기보다는 갈등을 키우고, 심지어 거짓말을 하거나 권위를 앞세워 압박하고 포기를 강요한다면 반드시 '상대방의 방법'으로 반격한다.

고대 파르스 왕국의 젊은 왕자가 아랍 왕국에 포로로 끌려갔다. 아랍의 왕은 이웃나라에까지 소문난 폭군으로 전쟁 포로를 모두 잔인하게 죽이는 것으로 유명했다. 그는 병사들이 파르스의 왕자를 포로로 잡아오자 매우 즐거워하며 가까이 와서 칼을 휘두르는 등 허세를 떨고 모욕감을 주었다. 한참 그러더니 재미가 없어졌는지 군사들에게 왕자를 죽이라고 명령했다.

파르스 왕자는 반항하는 대신 불쌍한 얼굴표정과 단념한 목소리로 아랍 왕에게 간절히 요청했다.

"이렇게 뵈오니 파르스는 아랍과는 상대가 되지 않습니다. 아랍 왕이야 말로 이 시대의 진정한 왕입니다. 왕이시여, 죽음을 앞두고 간곡히 청합니다. 목이 마른 제게 물 한 잔만 내려 주십시오."

아랍 왕은 파르스 왕자의 나약함을 비웃으면서 물을 가져다주라고 명령했다. 하지만 왕자가 물을 받고도 마시지 않자 크게 화를 냈다.

"뭐하는 것이냐? 왜 그렇게 보고만 있는 거지? 당장 마셔라!"

왕자는 무릎을 꿇고 말을 시작했다.

"물 한 잔을 전부 마시기도 전에 죽임을 당할까 걱정됩니다."

이 말을 들은 아랍 왕은 큰 소리로 웃었다.

"말도 안 되는 소리! 나는 약속을 반드시 지키는 왕이다. 곧 죽을 텐데 그 소원 하나 못 들어주겠느냐! 아랍 왕으로서 맹세하지, 물을 다 마시기 전에는 죽이지 않겠다."

파르스 왕자는 난데없이 물잔을 들더니 바닥에 쏟아 부었다. 순간 아랍 왕은 물론이거니와 그곳에 있던 모든 사람이 너무 놀라 아무 말도 하지 못하고 그냥 바라만 보았다. 무릎을 꿇고 앉아 있었던 왕자는 천천히 일어나서 위엄 있는 목소리로 말을 시작했다.

"보시다시피 나는 물을 마시지 않았습니다. 물이 이 나라의 국토에 스며들어 강제로 마시게 할 수도 없을 것이오. 이제 어서 약속을 지키시기 바랍니다."

아랍 왕은 아무 말 없이 분한 표정으로 떠나면서 파르스 왕자를 풀어주라고 명령했다.

파르스 왕자는 너무나 고통스러웠지만 폭군인 아랍 왕의 조롱을 꾹 참았다. 그리고 불쌍한 모습으로 물 한 잔을 얻어낸 후, 으스대기 좋아하는 왕의 성격을 이용해서 '약속을 반드시 지킨다'는 말을 얻어냈다. 그런 다음 물을 바닥에 쏟아 부어서 아랍 왕이 약속을 번복하지 않게 만들어 목숨을 지킬 수 있었다.

비즈니스 협상에서 아랍 왕처럼 난폭하고 으스대기 좋아하는 상대를 만나면 파르스 왕자를 따라해 보자. 상대가 당신을 무시하고 존중하지 않는 경우 정면으로 맞붙어서 목표를 달성하기 어렵다. 대신 이런 사람들은 상당히 단순하다. 바로 이점을 이용해서 그의 허점을 찾아내 반격함으로써 '자승자박'을 유도해 보자.

미국 하버드대학의 협상 교수들은 자승자박을 유도하는 다양한 방법을 제시했다.

첫째, 상대방이 자신의 논리로 문제를 해석하도록 내버려 두다가 그 안에서 논리적 모순을 찾아 공격한다. 그가 자신을 부정하게 만드는 순간 협상의 승리는 당신 것이 된다.

둘째, 상대를 압박할 때는 그가 이전에 한 말이나 약속을 이용해야 한다. 이렇게 하면 상대방의 말문을 막히게 만들어 반격에 더 힘이 생긴다.

셋째, 모든 사물은 다양한 면이 있다. 상대방이 내민 조건을 일단 받아들였다가 역방향으로 사고해서 새롭게 해석하고 반박해 그가 더 이상 당신을 압박하지 못하게 만들어라.

반대로 당신 역시도 자승자박의 올가미에 걸리지 않도록 조심해야 한다. 쉽게 말해서 협상 상황에서 신중하게 말을 해야 하고 어휘 사용도 신경을 써야 한다. 나 역시도 자승자박의 올가미에 가끔 걸려 본 기억이 있다. 특히 함께 일했던 한 직원이 내가 옛날에 했던 말들을 자주 응용하여 협상을 했다.

"대표님, 예전에 항상 저에게 이 정도면 정말 일 잘한다라고 말씀하셨잖아요. 그런데 이 정도의 연봉인상은 너무 부족한 것 같아요."

"대표님, 저에게 나중에 복지차원에서 연차를 늘려 주시기로 했지 않나요? 당장 그게 힘들다면 내년도 연차를 이틀 정도 당겨서 쓸려고 하는데요."

옛날에 했던 말을 잘도 기억해 끄집어내 말한다라는 생각이 들었지만 워낙 열심히 하는 직원이라 가능하면 원하는 바를 맞춰 주려고 노력했다.

특히 우리 둘째 아들이 이런 협상에 매우 능하다.

"아빠, 내가 중학교 가면 용돈을 많이 올려 준다고 하지 않았나요?"

"아빠, 내가 반장선거 나가면 게임기 사주기로 했는데 기억 안 나세요?"

기억 안 난다. 기억하고 싶지도 않다. 나는 기억 못하는데 상대방은 왜 이렇게 잘 기억하고 협상에 임하는지 모르겠다. 성격 급한 나로서 가장 힘든 것이 말조심하는 것이다. 다행히 많이 신중해지고 예전보다 조심스럽게 이야기한다. 그래서 요즘에는 이러한 단서를 많이 붙인다.

"지금 계획은 다음에 이렇게 하려고 해. 하지만 중요한 것은 상황에 따라 바뀔 수 있다는 점을 기억해 줬으면 해."

치사해도 어쩔 수 없다. 한번 내뱉은 것을 가능한 한 지켜야 하는 것이 사장의 도리이고 아버지의 도리이기 때문이다. 아무튼 당신도 응용해 보길 바란다.

"대표님, 저번에 이렇게 해 주시기로 하지 않으셨어요?"

"물론, 그때는 그러려고 했지. 그런데 상황에 따라 바뀔 수 있다고 그때 분명히 말했고, 지금 그렇게 할 수 있는 상황이 아니라는 걸 김 대리도 잘 알잖아."

12

BATNA를 가지고 협상을 공략하라

바트나는 협상에서 대단히 중요하게 다루는 용어이다. 바트나(BATNA)는 Best Alternative to a Negotiated Agreement의 약자이다. 협상으로 합의할 수 없을 때, 협상 당사자가 선택할 수 있는 가장 좋은 대안을 이야기한다. 협상의 대안으로는 협상 자체를 그만두거나 협상 대상자를 바꾸는 것뿐만 아니라 수없이 많은 방법들이 존재한다.

다음은 바트나에 대한 예시이다. 함께 고민해 보자.

당신은 전국적인 체인을 가진 레스토랑의 구매담당이다. 이번 크리스마스 행사를 위해 100,000개의 유리잔을 직접 매입해야 한다. 몇 개 업체의 견적을 받아본 결과 A라는 회사의 유리잔이

브랜드나 품질, 디자인 등 모든 부분에서 만족스러우나 가격 면에서 우리 회사가 원하는 기준보다 조금 비싼 상황이다. 가격을 낮추면서 공급자와 우리 회사 모두를 위해 더 나은 거래가 될 수 있도록 공급자에게 제시 가능한 조건들이 있다면?

그 업체를 포기하고 다른 업체를 찾는 것도 하나의 바트나라고 할 수 있다. 하지만 A회사의 유리잔이 너무 좋아서 다른 회사 제품에는 관심이 가지 않는 상황이다. 가격을 조금 낮추기 위해 레스토랑 측에서 제안할 수 있는 조건을 바트나라고 말할 수 있다. 잘 생각해 보면 10여 가지 정도가 나온다. 어떤 조건들을 제시할 수 있을까?

1. 장기적으로 거래하겠다.

가장 일반적으로 생각할 수 있는 방법이고 구매하는 레스토랑 입장에서도 질 좋은 제품을 안정되게 공급받을 수 있다는 점이 큰 매력일 수도 있다. 지금 당장 가격을 낮추기 위해 이러한 약속을 하고 나중에는 다른 업체를 선택하는 경우가 있는데 가능하면 약속을 지키도록 노력하자.

2. 다른 상품도 추가로 구매하겠다.

5월 가정의 달에 머그컵을 많이 구매해야 하는데 꼭 그때도 A

회사의 제품을 반드시 구매하겠다고 약속하는 것이다.

3. 대금을 현금으로 일주일 내에 전액 결제하겠다.

생각보다 강력한 제안이다. 여전히 3개월 어음으로 결제하는 회사도 있다. 너무나 유명한 곳이라 어디인지는 말하지 않겠다. 회사를 운영하는 사장으로서 너무나 좋다. 돈을 늦게 주는 회사가 정말 싫기 때문이다. 빠른 현금 결제는 가격을 낮출 때 확실히 영향을 미친다. 공공기관과 거래를 많이 하는데 교육이나 행사를 시작하기 전에 50~70% 정도 선(先) 결제를 해 주기도 한다. 너무 좋다.

4. 다른 업체를 소개해 주겠다.

일반적으로 가장 쉽게 쓰는 방법이다. A회사 입장에서는 꼭 물어봐야 한다. 어디를 소개해 주실 수 있나요? 그리고 어느 정도는 약속을 받은 후에 가격 조건을 맞춰 주는 것이 필요하다. 가격을 낮추기 위해 책임 없이 그냥 말하는 사람들이 많기 때문이다. 쉽게 말해서 혹시 누가 물어보면 그때에나 소개해 주겠다는 뜻이다. 물어보는 사람이 없으면 소개를 안 해 줄 수도 있다는 의미이다.

5. 한 번에 일괄 배송 받겠다.

창고나 물류에 대한 부담을 덜어 주겠다는 것이다. 어느 정도 매력이 있는 제안일 수 있다.

6. 포장지를 최소화하겠다.

확실하게 가격을 낮추는 제안으로 효과가 있다. 포장지가 원가 비중에 많은 부분을 차지하는 경우가 많기 때문에 원가절감에 도움을 줄 수 있는 제안이다.

7. 상품이나 회사를 홍보해 주겠다.

레스토랑 매장 내에 A회사의 상품이나 회사를 홍보해 주는 것이다. 홍보 조형물을 전시하거나 인쇄물에 제품을 홍보해 주는 방법이다. 과거 유명 패밀리레스토랑 마케팅팀장으로 근무할 때 이 방법을 무척 많이 사용하여 협찬을 받은 적이 있다. 전국적인 체인을 가진 레스토랑이면 충분히 홍보효과가 있을 수 있다.

8. 우리 회사의 필요한 제품이나 서비스가 있다면 할인해 드리겠다.

레스토랑이라는 점을 고려하여 A회사 직원들이 회식할 때 큰 폭으로 할인해 주거나 직원들에게 가족들과 함께 즐길 수 있는 식사권 등을 제공해 주는 것이다.

9. 불량품에 대해 반품을 하지 않거나 A/S를 받지 않겠다.

정말 위험한 제안일 수 있지만 효과는 확실하다. A회사의 제품의 질이 정말 훌륭하다는 확신이 들 때 사용할 수 있는 바트나이다.

10. 나중에 개인적으로 술 한 잔 사겠다.

요즘에는 많이 선호되지 않는 방법이다. 가끔 좋아하는 담당자들도 있다.

다양하게 제안할 수 있는 바트나에 대해 학습하였다. 협상에서 바트나는 크게 교환, 강화, 절충, 양보, 포기로 나눌 수 있다.

◆ 교환

고객이 원하는 것을 제공하고, 그 대가로 고객으로부터 그에 상응하는 가치만큼 제공받는 것이다. 고객은 80만 원에 구입하고자 하고 우리는 100만 원에 판매하고자 할 경우, 80만 원에 판매를 하고 그에 상응하는 것을 받는 것이다.

- 예: 추가 판매, 소개, 서비스 기간 단축 등 상응하는 가치

◆ 강화

우리가 초기에 제안한 방법으로 결론을 내며, 고객이 요구하는 것을 들어주지는 않지만 다른 방법으로 가치를 부여하는 것이다. 우리에게는 시간, 예산, 노력이 적게 들지만 고객에게는 가치가 큰 것을 제공한다고 생각할 수 있다.

고객은 80만 원에 구입하고자 하고 우리는 100만 원에 판매하

고자 할 경우, 100만 원에 판매하고 고객에게는 다른 것을 제공하는 것이다.

- 예: A/S기간 연장, 교육기회 제공, 이벤트 제공 등

◆ 절충

일반적으로 가장 많이 사용하는 방법이다. 우리 제안과 상대방의 요구사항의 중간점을 찾는 것이다. 상대방은 80만 원에 구입하고자 하고 우리는 100만 원에 판매하고자 할 경우, 90만 원으로 결론을 내는 것이다.

◆ 양보

상대방이 원하는 것을 모두 들어주는 것이다. 고객은 80만 원에 구입하고자 하고 우리는 100만 원에 판매하고자 할 경우, 80만 원에 판매하는 것이다.

상대방에게 무조건 맞춰 주는 양보가 무조건 좋은 협상의 바트나가 아닐 수도 있지만 가능하면 양보를 해야 하는 두 가지 경우가 존재한다.

첫 번째, 레퍼런스를 위해 해당 고객사와 거래를 시작해야 하는 경우

두 번째, 재고물량이 너무 많거나 현재 회사의 재무 흐름이 좋지 않은 경우

◆ 포기

그냥 협상 자체를 포기하는 것이다.

무조건 협상 자체를 포기하지 말고 협상을 유리하게 만들 바트나를 항상 생각하자. 개인적으로 바트나 중 '강화'를 추천하고 싶다. 협상에서 가격은 중요하다. 당신 입장에서 원하는 가격 조건을 유지하고 다른 혜택을 부여하는 것이 분명 유리하다. 한번 정해진 가격은 변경되기 힘들기 때문이다.

13

협상 막판 "니블링 전략" 사용하기

손님이 와서 사과 10개를 사겠다고 하여 사과를 봉투에 담아 주며 사과 값을 달라고 하였다.

그러자 손님이 사과 값을 지불함과 동시에 작은 귤 하나를 덥석 집으면서 한마디했다.

"아저씨! 이건 덤으로 주실 수 있죠?"

당신이 과일장수라면 어떻게 하겠는가? 손님이 움켜 쥔 귤 하나를 빼앗으면서 안 된다고 하겠는가? 아니면 그냥 덤으로 주면서 다음에 또 오라고 하겠는가?

대부분 작은 귤 하나 정도는 주지 않을까 하는 생각이 든다.

니블링(Nibbling)의 '니블'은 쥐가 음식을 갉아먹듯 조금씩 갉아먹는다는 뜻이다. 협상 마지막에 상대방에게 약간의 추가적인 양보를 얻어내는 기법을 니블링 기법이라고 한다. 대단히 효과적인 협상 기법이라 할 수 있다. 니블링이 성공하는 이유는 크게 두 가지이다.

첫째, Sunk Cost(매몰비용) 때문이다. 즉, 지금까지 소요된 매몰비용이 아깝기 때문이다.

둘째, 협상 마무리 단계에서 결렬이 될 경우 '실패'했다는 불쾌한 감정을 피하기 위함이다.

참고로 매몰비용이란 경제학 용어로 이미 지출해서 회수할 수 없는 비용을 말한다. 과일장수 입장에서는 사과를 판매하기까지 설명하고 결제하고 포장해 준 노력이 매몰비용이고, 그 과정 자체를 돌릴 수 없기 때문에 아깝다는 감정에 그냥 덤으로 주고 끝내는 것이다.

자동차 거래 시 구매자와 판매자 둘 다 니블링이 가능하다. 먼저 구매자의 니블링은 비싼 자동차 사는데 썬팅은 기본이고 블랙박스, 내비게이션까지 부탁하는 경우가 전형적인 구매자의 니블링이다. 반대로 판매자의 경우는 예산한도를 확인하고 구매자에게 상위 고가 모델을 소개하면서 추가 할인에 옵션 추가 등을 통하여 사실상 더 싸게 살 수 있다고 제안하는 니블링 전략을 시행한다.

나 역시도 니블링을 협상기법으로 자주 사용한다. 너무 직접적이지 않고 차후 거래를 위한 운을 띄우는 용도로 많이 사용한다.

"이번 거래 계약 진심으로 감사드립니다. 처음이기 때문에 귀사가 원하는 조건으로 거의 맞춰 드렸습니다. 이번에 최선을 다해 좋은 결과가 있도록 노력 하겠습니다. 좋은 결과가 있다고 판단될 경우 다음에는 금액적인 부분만 좀 더 고려해 줄 것을 부탁드립니다."

협상 고수들은 니블링을 자주 애용하기 때문에 상대방의 니블링을 염두에 두고 협상을 준비하는 것도 필요하다.

"60일 어음으로 해도 괜찮죠?"

상대방과의 지루한 매매협상을 거의 마무리 지었다. 그래서 당신은 느긋하게 협상 결과를 담당 상무에게 보고하려는데, 느닷없이 상대방이 한 마디 던져온다. 가격 조건에 합의했으니 이제 그 가격을 현금이 아닌 60일 어음으로 지급하겠다는 것이다. 그러면서 한 마디 덧붙인다.

"우리 업계에서는 통상 이런 식으로 하고 있으니 이해하셔야죠."

자, 당신은 어떻게 대처하는 것이 좋을까?

답변 예시 1 상대방이 관행이라고 주장하니 어쩔 수 없이 들어주어야 한다.

답변 예시 2 한 마디로 절대 안 된다고 거절한다.

답변 예시 3 60일 어음으로 할 경우에는 계약조건을 수정해야 한다고 구체적으로 말한다.

이처럼 쉬운 사례를 드는 것은 이런 일이 협상의 마지막 단계에서 종종 일어나기 때문이다. 즉, 협상의 마지막 단계에서 상대방이 협상의 기본 골격은 바꾸지 않으면서 사소한 몇 가지를 자기에게 유리하게 바꾸려는 시도를 할 때가 종종 있기 때문이다. 이것을 니블링이라고 한다. 사소하게 하나씩, 혹은 조금씩 합의를 갉아먹는 것이다.

양복을 사면서 느닷없이 넥타이 하나를 추가로 달라고 하는 것, 한 달 용돈이 5만 원인데 아들 녀석이 느닷없이 이번 달은 휴일이 없기 때문에 차비로 5천 원 더 달라고 하는 것 등이 이런 사례다. 더 크게 말하면 전투기를 사기로 약속하고선, 계약단계에서는 미사일 하나만 선물로 달라고 말하는 것이다.

모든 것을 선의로 해석하는 사람이라면, 다시 말해 협상가가 착하고 좋은 사람일수록, 이 니블링은 치명적인 독약이 될 수 있다. 이미 협상이 타결된 상황에 작은 것 하나 정도야, 저렇게 요청하는데 들어줄 수 있는 것 아닌가 하는 생각이 결국에는 협상의 기본 골격 자체를 무너뜨린다는 말이다.

협상을 기분 좋게 합의한 마지막 순간, 상대방이 혹시 니블링을 하지 않을까 준비해야 한다. 무슨 제의를 하건, 당황하지 말고 웃으면서 말하라. '그건 곤란한데요.'

상대방이 니블링 전술을 사용할 때 당신은 역니블링(Counter Nibbling) 전술을 사용할 수 있다. 반드시 평소에 준비해 놓는 것이 중요하다.

고객: 이 캘러웨이 아이언 셋(좀 비싼)으로 결정했습니다.
직원: 카드로 결제하시겠습니까, 아니면 현금으로 결제하시겠습니까?
고객: 보스턴 백은 서비스로 주시는 거죠?

예상대로 고객이 니블링 전술로 치고 들어 왔다. 훈련이 제대로 안 된 직원은 다음과 같이 말한다.

직원: 그건 제 권한 밖이라……. 사장님께……. (권한위임)

한편 훈련된 직원은 다음과 같이 말한다.

직원: 손님 드라이버까지 구매하신다면 보스턴백은 제가 덤으로 드리죠.

니블링이든지 역니블링이든지 평상시에 준비하는 것이 중요하다. 니블링을 통하여 협상 막판 작은 혜택을 거머쥐어라!

14

협상에서의 실수를 수습하는 방법

인간은 완벽할 수 없다. 협상 중에 상대는 물론 당신도 실수를 할 수 있다. 특히 국제협상에서 협상 당사자의 국적이나 문화적인 차이로 인해 의도하지 않은 실수들이 종종 나오곤 한다. 인사하는 방식이 다르기도 하고 식사 예절도 크게 차이 나기도 한다.

어쩔 수 없이 협상에서의 실수는 원만한 합의를 도출하는 데 장애가 된다. 당신이 상대방과 합의에 이르기 전에 실수가 발생한 경우, 상대방은 새롭게 발견된 실수로 인하여 당신이 경험이 없거나 능력이 모자란다고 생각할 수 있다.

합의에 이르는 중에 실수가 발생한 경우에는, 상대는 최종 협상 전에 당신이 상대의 추가적인 양보를 얻기 위하여 의도적으로 실수를 한 것이라고 생각할 수도 있다. 최종 합의가 이루어진 후에 실수가 발견된 경우, 상대방은 협상 자체를 거부할 수도 있다. 어떤 단계에서 실수가 발생하게 되든지 실수는 협상 진행에 부정적인 영향을 미치게 된다.

협상 과정에서 발생한 실수를 수습하는 가장 좋은 방법은 상대가 알기 전에 당신의 실수를 인정하는 것이다. 그러나 당신의 실수가 당신이 인정하기 전에 상대에게 드러난 경우, 일단 상대방에게 진지한 사과를 하는 것이 가장 중요하다.

결론적으로 협상 과정에서 어쩔 수 없이 실수가 일어났다면 빠르게 수습하는 것이 중요하다. 당신은 실수가 협상에 미치는 영향에 따라 다음과 같이 대응할 수 있다.

첫째, 협상에 별로 큰 영향을 주지 않을 실수를 한 경우, 상대에게 당신의 실수를 인정하면서 상대방에게 작은 조건에 대해 '양보'할 수 있다.

둘째, 협상에 큰 영향을 줄 수 있는 실수를 한 경우, 당신의 실수를 상대에게 인정하면서 실수로 발생된 문제의 해결을 위한 재협상을 제안할 수 있다. 이 경우 상대방이 재협상 제안을 수락할 수 있도록 당신의 실질적인 양보가 필요하다.

셋째, 정말 치명적인 실수를 한 경우, 당신의 실수를 상대에게 인정하면서 실수로 야기된 문제의 해결책을 강구하는데 상대의 도움을 요청할 수 있다. 또는 당신의 입장에서 상대에게 그럴듯한 구실을 내세워 협상을 중단한 후 실수를 교정해 가면서 협상을 다시 시작할 수도 있다.

실수를 줄이기 위해 중요한 한 가지는 협상을 섣부르게 마무리하지 말라는 것이다. 협상이 신중하게 종결되기 위해서는 협상 전체에 포함된 세부 사항이 모두 적절하게 검토되어 합의가 도출되어야 한다. 그렇기 때문에 가능하면 서면 합의를 하는 것이 중요하다.

합의 내용을 문서로 작성하지 않으면 시간이 지나서 협상에 직접 참여한 협상자는 물론 관련 당사자들 사이에서 합의 내용에 대하여 혼란이나 오해가 발생할 수 있기 때문이다. 또한, 문서로 작성되지 않은 합의 내용을 상대방이 부인하는 경우에 자칫 집행하는 데 문제가 발생할 수 있다.

실제 구두 합의가 문제된 적이 있다.

오래 전 국내 D 그룹은 회사를 외국기업에 매각하면서 창업주 생가를 1원에 다시 구입하는 조건으로 양도하였다. 당시 두 회사는 1원에 다시 구입하는 합의를 문서화하지 않았다. 생가 건물을 무상으로 양도할 경우 무상증여에 따른 세금 문제가 발생할 수 있었기에 1원에 다시 구입하기로 구두로 합의하였다고 한다.

그런데 D 그룹이 생가 이전을 추진하면서 그 외국 기업과 분쟁이 발생하였다. 외국 기업이 생가 건물의 장부가격(당시 2억 3천만 원)을 요구하였기 때문이다. D 그룹은 1원에 다시 구입하기로 합의한 것이니 이전 비용만 지불하겠다고 주장하였다.

지루한 논쟁 끝에 결국 외국 기업은 원래 합의된 대로 그 생가를 양도함으로써 분쟁은 해결되었다. 이 사례는 구두 약속이 서면 약속보다 불확실하고 분쟁 발생 가능성이 높음을 말해 준다.

합의문 작성 시 가능하면 당신이 합의문 초안을 작성하는 것이 좋다. 상대가 작성하게 되면, 합의문에 당신이 알지 못하는 용어가 사용되거나 상대방에게 유리한 내용이나 절차가 명시될 수 있다. 마찬가지로 당신이 초안을 작성하게 되면, 다소 당신에게 유리한 내용을 담을 수 있다.

서면으로 작성한 내용에 대해 이의를 제기하는 것은 심리적으로 상당한 부담이 된다고 한다. 당신이 합의문 초안을 작성하게 되면 협상의 종료 시점까지 당신이 상대보다 주도권을 가지고 있다고 볼 수 있다. 그러기 위해서는 초안 작성에 대해 상대방에게 동의를 구해야 하고 설득을 해야 한다. 즉, 당신이 협상 과정 내내 상대방을 경청하고 필요한 내용을 메모하는 등 당신이 초안을 작성할 만하다고 상대방이 인정해야 하는 것이다.

15

고객이 처음 제시한 가격을 거절하는 이유는?

당신이 고객에게 견적을 제출했을 경우 고객은 주로 어떻게 답하는가?

"정말 싼데요. 우리는 돈이 많으니까 당장 구입할게요."라고 하는 사람은 없을 것이다. 가격 협상에서 가장 힘든 점이 가격에 대한 고객의 거절이라고 할 수 있다.

가격에 대해 대부분의 반응은 "비싸다", "돈이 부족하다"이다. 실제로는 비싸다는 근거는 절대적인 사실이 아니며 단지 상대의 의견일 뿐이다. 실제로는 고객의 거짓말일 가능성도 높다.

미국에서 최고의 영업사원으로 불리는 프랭크 베토거는 "고객 반대의 62퍼센트는 거짓이고, 진짜 거절은 38퍼센트에 지나지 않는다."라고 했다. 고객이 가격이 높다는 말을 하더라도 그것을 그대로 믿고 바로 가격을 인하하는 것은 결코 좋은 협상 전략은 아니다.

고객이 "비싸다"라고 할 때 그 의미는 다음 세 가지 중에 하나이다.

첫째, 그 상품은 그 가격만큼의 가치가 없다.
둘째, 타사 상품과 비교해서 가격이 높다.
셋째, 그냥 가격을 깎고 싶다.

첫째의 경우 고객은 그 상품이나 서비스의 장점을 잘 모를 수 있기 때문에 그렇게 생각하는 경우가 많다. 그렇기 때문에 흥분하지 말고 인내심을 가지고 상품이나 서비스가 왜 그 가치가 되는지를 자세하게 설명할 필요가 있다. 많은 경우 설명을 듣고 그 가치에 대해 높게 재평가하고 그 가격에 구입하게 된다. 물론 고객이 설명을 들은 후에도 가격에 비해 가치가 없다고 판단하는 경우 판매는 물 건너간 것이다.

둘째의 경우 실제 타사로부터 견적을 받아 비교해 보고 "타사보다 비싸다."라고 말하는 경우는 많지 않다. 결론적으로, 가격이 비싸다는 것은 아무런 근거 없는 고객의 주관적인 판단일 가능성이 높다. 이런 느낌이 든다면 무턱대고 깎아주기보다는 타사와 비교해도 결코 비싸지 않다는 점을 강조할 필요가 있다.

셋째의 경우가 대부분이다. 그냥 가격을 깎고 싶은 것이다. 누구나 가격을 낮춘다면 더 쉽게 판매할 수 있다. 그렇지만 인하된 가격으로 팔아서는 이익이 적기 때문에 손해를 보게 된다. 가격이 비싸다는 것은 고객의 인사 정도로 생각하자. 협상가의 사명은 가능한 한 가격을 인하하지 않고 판매하는 것에 있다는 것을 잊지 말자.

몇 가지 가격 협상 시 도움이 되는 테크닉을 학습해 보자.

◆ 규칙문서법

'규칙'의 힘이 가격 협상을 도와준다.

사람은 규칙을 가능하면 따르려는 경향을 가지고 있다. "이것이 우리 회사의 가격표입니다."라고 말하고 제시하는 것이다. 기계를 구매하려는 바이어로부터 "12대를 구입하는 만큼 20퍼센트 정도 할인을 해 주실 것을 부탁드립니다."라는 말을 듣더라도 표준 가격표를 제시하면서 "죄송합니다. 쉽지 않을 것 같습니다."라고 말하는 것도 효과적일 수가 있다는 것이다.

"사실은 이것이 우리 회사의 가격체계입니다."라고 가격표를 멋있게 만들어 항상 갖고 다니면서 보여주는 방법이다. 경우에 따라서는 가방 속에서 끄집어내어 내부 자료처럼 "보통은 잘 보여드리지 않지만……."이라고 하면서 특별히 그 바이어에게만 보여주는 것처럼 하면 상대방도 특별한 대우를 받는 느낌을 전달할 수 있다.

"가격표에 나와 있는 대로라면 12대를 구입하시면 15퍼센트 할인됩니다. 다음에 사용하실 것도 고려하여 15대를 구입하면 어떠실까요? 20퍼센트 할인이 가능합니다."라고 말할 수 있다.

◆ 업계관례법

일반적으로 많이 사용되는 방법이다. 낮은 리스크와 높은 수익이라는 관점에서 '업계관례법'을 잘 이용하면 협상에서 좋은 성과를 낼 수 있다. 우선 '업계관례법'으로 적용될 수 있는 좋은 예시가 공통계약서이다. 이미 표준화되어 통용되고 있는 공통계약서를 굳이 변경해서 계약하는 경우는 찾아보기가 어렵다. "다른 사람은 이대로 계약을 하고 있다."는 것도 상대에게 보이지 않는 압력으로 작용한다는 것을 알 수 있다. 예를 들어, 이벤트 제안을 받았다고 하자. 이벤트 회사에서는 실시 전에 일반적으로 다음과 같은 말을 고객에게 하게 된다.

"지불조건은 계약 시 35퍼센트, 이벤트 7일 전까지 남은 금액 65퍼센트를 지불해 주시고, 만약 취소할 경우에는 15일에서 5일 전까지는 60퍼센트, 3일 전 이후에는 전액에 대해 취소 수수료를 받습니다. 이것이 업계의 관례이기 때문에 잘 부탁드립니다." 상대가 어떤 말을 하더라도 '업계의 관례'라는 점을 반복해서 강조하는 것이 중요한 포인트이다. 즉, "다른 회사도 그렇게 하고 있으니까……."라는 말로 협상의 주도권을 놓치지 말자.

◆ 2차 가격제안법

두 번째에 일부러 높은 가격을 제안하는 방법인데 약간의 연기력이 필요하다. 상대가 기발한 협상 전략으로 나올 때, 반사적으로 강한 카운터펀치를 날릴 수 있는 협상 기술이다.

가령, 어떤 프로젝트를 수주하려고 할 경우, 예를 들어 500만 원의 견적을 상대에게 제안했다고 하자. 당연히 이것은 발주자 갑의 논리가 통하니까 갑이 인사말로라도 "김 과장님 500만 원은 너무 비싸네요. 좀 싸게는 안 될까요?"라고 말하게 마련이다. 이럴 경우 "그렇게 말씀하시는 분이 많습니다."라고 우선 동의하는 반응을 보이면 된다. 이후 상대방이 50만 원 정도의 할인을 요구하면 우선 "회사로 돌아가서 보고 드린 후에 답을 드리도록 하겠습니다."라는 식으로 즉답을 회피하는 것이 협상의 기본이다. 그러고 나서 '2차 가격제안법'을 사용하는 것이다. "정말 죄송합니다. 지난번 견적 때 실은 중요한 부분을 놓쳐 버렸습니다. 정말 있어서는 안 되는 실수를 했습니다. 정말로 죄송합니다. 사실은 제가 크게 계산착오를 해서 지난번 500만 원으로 제안했던 견적이 잘못된 것이었습니다. 590만 원이 정확한 견적이었습니다. 이것이 새로운 견적입니다."라고 말한다. 상대방은 당연히 당황스러워 하면서 "그거 너무 심하잖아요. 그러면 처음 제안한 500만 원으로 그냥 합시다."라로 반응을 보일 것이다.

물론 이 협상 전략은 상당한 연기력이 필요하며 잘못하면 거짓이 들통 날 수 있다. 거짓이 들통 나 신용도를 크게 잃을 수 있기 때문에 연습을 반복하여 진짜처럼 연기해야 하며 두 번 이상 사용하면 절대 안 된다는 점을 명심해야 한다.

16

집단의 다수를 추종하는 전략을 구사하라

얼마 전 부동산 거래 사이트 광고에서 나온 대사이다.

"우리 아파트가 비싸다고요? 5억이면 싼 거예요. 시세 잘 모르시는구나."

(부동산 거래 사이트 자료를 보여주며.)

"실거래가 여기 다 있네요."

맞다. 객관적 기준은 협상 시에 대단히 효과적으로 작용한다. 특히 협상 전에 객관적 기준을 확인하고 본격적인 협상에 임하는 것은 필수이다. 정보들을 충분히 얻을 수 있는 환경에도 불구하고 시간이 촉박하다는 핑계로 그냥 직감을 믿고 협상에 임했다가 결과를 그르치는 경우가 발생하기도 한다. 이 점에 대해서는 내 자신에게 깊이 반성하고 있다. 객관적 기준 또는 사회적 기준을 좀 더 확인했다면 좀 더 나에게 유리한 결정을 내렸을 것이다. 특히 나와 같이 급한 성격의 소유자나 자신에 대한 확신이 높은 사람들이 어렵지 않게 얻을 수 있는 객관적 기준에 대한 정보를 무시한 채 빠르게 결정하고 후회하는 경우가 많다. 물론 정보를 찾을 수 없는 경우는 직감을 의지해야 하지만 상당수 결과가 좋지 않은 경우가 발생하기도 한다.

협상 상황에서 객관적 기준으로 활용할 수 있는 것들은 다음과 같다.

◆ 시세

"최근 거래 시세를 확인해 보았더니 이 정도의 위치와 규모면 평당 1,000만~1,200만 원 사이에서 거래가 이루어지고 있네요."

◆ 기존 거래 가격

"지난 6개월간 실거래가를 확인해 봐도 동일 평수의 상가가 7억8천만 원 이상의 금액으로 거래된 경우는 없습니다."

◆ 법규

"임대료를 15퍼센트나 올리는 것은 무리라고 생각합니다. 상가 임대차보호법상 임대료 인상률 상한을 5퍼센트 이내로 제안하고 있는 것으로 알고 있습니다."

◆ 지침

"정부24에서 제공하고 있는 거래관계 표준계약서를 기준으로 해당 계약서를 작성하였으면 합니다."

◆ 관행

"업계 관행상 3개월 어음으로 지급하는 경우를 경험하지 않았기 때문에 업무 종료 후 다음 달 말까지는 결제를 해 주셔야 할 것 같습니다."

영국 국세청은 시민들이 세금을 제때 내지 않아 고민에 빠져 있었다. 지금까지는 세금 체납 시 과태료를 물을 수 있고 법적 책임까지 질 수 있다고 경고성 문구를 사용했지만 체납률은 크게 줄지 않았다. 결국 영국 국세청은 다른 방법을 시도해 보기로 했다. 부정적이고 공격적으로 느껴질 수 있는 문구를 다음과 같이 좀 더 부드럽고 긍정적으로 바꾼 것이다.

"우리는 당신과 시민들을 위한 공공 서비스를 제공하기 위해 세금을 징수합니다.

영국 국민 10명 중 9명은 세금을 제때 납부합니다. 국세청."

문구를 바꾼 것만으로도 놀라운 변화가 나타나기 시작했다. 세금 납부율이 약 30%가량 높아진 것이다.

무엇이 시민들의 태도를 변화시킨 것 일까? 변화를 일으킨 결정적인 요인은 본인이 속해 있는 집단의 사회적 기준을 지키고자 하는 인간의 본성이 자극된 것이 아닐까 생각한다. 인간은 대부분 본인이 속해 있는 집단의 다수를 따르려는 성향이 강하다. 다수를 따름으로써 본인이 소수의 오류에 빠지지 않았다는 사실에 안도감을 느끼기 때문이다.

나 역시도 객관적 기준이나 사회적 기준을 자주 제시한다.

"사장님 정도면 이 정도 제품을 많이 사시는 것 같아요."

"해당 프로그램은 다른 대기업에서도 선호하는 프로그램입니다."

"일반적으로 업계에서 이 정도 가격이 형성되어 있습니다."

객관적 기준을 제시하고 상대방의 주도권을 무너뜨려라. 객관적 기준이 앵커링 효과를 주고 협상의 판세를 바꿀 수 있을 것이다.

17

최선의 협상 대안 카드를 만드는 방법

지금 다니고 있는 회사와 협상하려고 한다. 연봉을 올리고 싶고 원하는 조건들도 얻어내고 싶다면 어떻게 해야 할까? 이런 상황에서 최고의 대안은 좋은 곳으로 이직할 곳을 확보해 놓는 것이다. 몸값을 높이거나 좋은 곳으로의 이직이 목표라면 이직할 곳이 마련되기 전까지는 가능하면 퇴사하지 않는 것이 좋다. 만약 이직할 곳도 없는데 나의 몸값을 높이거나 주도권을 잡기 위해 퇴사 카드를 쓰게 될 경우 괘씸죄로 찍혀 현재의 직장에서 나가게 될 수도 있다.

"상무님, 이 정도의 연봉으로는 만족하기 힘들 것 같습니다."

"김 과장, 현재 회사 상황이 좋지 않은 거 잘 알잖아. 이 정도 연봉 인상이 회사의 최고 조건이야. 미안하네."

"상무님, 그렇다면 저도 어쩔 수 없네요. 회사를 그만 떠나야 할 것 같습니다."

김 과장은 분명 "회사에 한번 말을 해 보겠다."고 하시겠지? 라는 상무님의 반응을 예상하고 마지막 대안의 카드를 내놓았다.

상무는 다소 불편한 표정으로 이렇게 말하는 것이 아닌가?

"그래, 그렇다면 나도 아쉽지만 할 수 없지. 이번 달까지만 업무 정리하고 퇴사하게나. 오늘 긴급임원회의에서 공유된 내용인데 회사에서도 지금 인력을 줄여야 하는 상황이라고 하네. 김 과장이 내 부담을 덜어 줄 수 있게 되었네. 그동안 정말 수고 많았네."

김 과장의 퇴사라는 카드는 결코 좋은 대안이라 할 수 없다. 신중하지 못한 극단적인 대안이었다. 현재보다 조금 좋은 수준의 조건을 주는 회사로 입사가 결정된 상황이라면 충분히 최선의 대안이었을 것이다.

협상에서 최선의 대안은 다음과 같이 활용될 수 있다. 최선의 대안이란 협상의 목표가 달성되지 못할 경우 취할 수 있는 여러 가지 대안 중 가장 좋은 대안으로 선택한 것을 말한다.

첫째, 최선의 대안은 협상에서의 분명한 목표를 설정할 수 있도록 도와준다. 어쩌면 협상 당사자인 당신조차도 협상 목표를 분명하게 인식하지 못하고 있을 수 있기 때문이다. 이때 당신의 목적을 달리 달성할 수 있는 대안을 찾아보게 됨으로써 당신이 협상에서 당면한 목표를 다시 생각할 수 있게 된다. 만약 연봉과 조건을 협상하는 과정에서 다른 곳으로의 이직을 최선의 대안으로 가지고 있다면 이직하려는 회사의 연봉과 조건보다 좀 더 높은 기준을 협상 목표로 삼을 수 있을 것이다.

둘째, 최선의 대안은 협상에서의 최종 양보점을 설정하도록 도와준다. 협상에서 합의될 결과는 최선의 대안보다 좋아야 한다. 만일 협상하는 중에 도출될 합의가 최선의 대안보다 좋지 않다면 그 협상을 중단해야 한다. 대신 최선의 대안을 선택하면 될 것이다. 이 점에서 협상을 계속 진행해야 하는지 중단해야 하는지를 판단하는 기준이 되는 것이 '최선의 대안'인 것이다. 최선의 대안은 협상의 최종 양보점의 설정에 도움이 된다.

최선의 대안은 협상자 양측 모두에게 있을 수 있다. 당신에게 최선의 대안이 있듯이, 상대방에게도 최선의 대안이 있다. 따라서 당신은 자신의 최선의 대안은 물론 상대방의 최선의 대안이 무엇인지도 관심을 가져야 한다. 상대방이 당신과의 협상 대신에 추구할 수 있는 다른 좋은 대안이 있다면 상대방은 당신과의 협상에 적극적이지 않을 수 있다. 어쩔 수 없이 당신은 상대방에 대하여 불리한 위치에서 협상을 할 수밖에 없는 것이다. 또는 상대방의 최선의 대안이 별 볼 일 없다면, 상대방은 당신과의 협상에 매달릴 수밖에 없다.

당신의 최선의 대안과 상대방의 최선의 대안은 협상 결과에 큰 영향을 줄 수 있다. 따라서 당신의 최선의 대안이 썩 좋지 않다면 상대방이 알지 못하도록 해야 한다. 반면 당신의 최선의 대안이 좋다면 상대방이 은연중에 알게 하는 것이 유리하다. 당신이 정말 유능한 협상가라면 당신의 좋지 않은 대안을 상대방이 좋지 않은 것은 아니라고 보이게 할 수 있어야 한다. 불리한 것을 보일 필요는 없으며 지속적으로 당신이 상대방에게 필요한 존재라는 사실과 상대방에게 이익을 줄 수 있다는 점을 강조해서 보여 줄 수 있어야 한다.

미국 하버드대학 법학과의 피셔 교수는 최선의 대안을 정하는 방법을 다음의 세 단계로 제안하고 있다.

첫째, 당신이 상대방과 협상하여 합의에 이르지 못할 경우 취할 수 있는 대안, 즉 행동의 목록을 다양하게 작성하는 것이다.

둘째, 작성된 대안들을 실제 사용할 수 있도록 구체화하고 개선하는 것이다.

셋째, 실제 사용할 수 있는 여러 대안들 중에서 가장 좋은 대안을 선택한다.

PART 3

상대가 나를 돕게 하는 심리유도 협상술 _관계의 비법

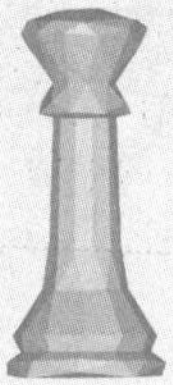

18

협상으로 온전한 절반을, 전쟁으로 파괴된 전부를 가질 것인가?

"협상으로 온전한 절반을 가질 것인가? 전쟁으로 파괴된 전부를 가질 것인가?"

개인적으로 무척 좋아하는 어느 온라인 게임의 메인 카피이다. 누군가는 이 카피를 보고 반문할 것이다. 절반만 가질 작정이면 애초에 협상을 왜 합니까?

하지만 여기서 중요한 대목은 절반이 아니라 온전한 것에 있다. 상식적으로 생각해도 파괴된 전부보다는 온전한 절반이 좋아 보인다. 빈껍데기만 있는 전부는 분명 한계가 있다. 명분만 거창해 보일뿐 실속은 전혀 없다. 파괴된 것들을 복구하기 위해서 엄청난 시간과 자원이 투여될 수도 있다.

그래서 〈손자병법(孫子兵法)〉의 저자 손무(孫武)는 단순히 승리를 위한 전략이 아니라 나를 온전히 지키기 위한 전략이 중요하다고 강조했다. 그래서 〈손자병법〉의 핵심은 “온전할 전, 全’이다. 내가 좀 더 일찍 〈손자병법〉의 ‘온전할 전(全)’의 의미를 알았다면 과거에 이기려고 그냥 달려들었다가 엄청난 패배를 당하는 경험을 하지 않았으리라. 인생이 파괴되는 경험은 절대 겪지 않는 것이 좋다. 너무나 힘들뿐더러 회생하기도 어렵다. 그래서 〈손자병법〉에는 내가 좋아하는 또 다른 통찰이 있다.

‘지지 않는 자리에 서서 이길 때를 기다려라.’

협상도 마찬가지이다. 이기는 것도 중요하지만 지지 않는 자리에 서는 것이 더 중요하다.

축구 명언에도 이런 말이 있다. 공격을 잘 하면 승리를 할 수 있지만 수비를 잘 하면 우승할 수 있다. 우리의 인생의 목표는 한 번의 승리 경험이 아니다. 긴 인생의 여정을 우승으로 마치는 것이다. 그래서 지지 않는 협상 능력이 중요하다.

그렇다면 협상에서 무엇이 파괴되는 것을 경계해야 할 것인가? 바로 단기적인 이익을 위해 관계가 파괴되는 것이다. 물론 이번을 끝으로 다시는 안 볼 사람이라면 관계는 생각하지 않고 오직 이익만을 생각해도 좋다. 물론 다시는 안 볼 사람이라고 우리가 배운 모든 협상기법을 활용하는 것까지는 좋은데 상대방의 마음을 다치게 하거나 자존심을 건드릴 필요까지는 없을 것이다. 그런 일이 반복될수록 나를 둘러싼 좋은 기운들이 사라지게 되어 결국 대운(大運)까지 이르는 일은 없을 것이다.

그렇다면 '온전한 절반'이란 무엇인가? 결국 협상 상대자와의 관계가 어긋나지 않은 상태에서 서로에게 이익이 되는 결과를 얻는 것이라 할 수 있다. 상호 신뢰를 통하여 차후 더욱 좋은 협상의 기회를 얻을 수 있기 때문이다.

그래서 여기에서는 관계의 중요성을 다루게 된다. 관계는 협상 상황에서 정말 중요한 역할을 한다. 관계가 좋을수록 협상 결과는 좀 더 긍정적으로 나올 수 있다. 정말 중요한 핵심가치가 충돌하지 않는다면 상대방을 이해하고 배려하는 분위기 속에서 서로가 원하는 것을 얻을 수 있다.

얼마 전 회사에서 고가의 동영상카메라를 구입해야 하는 상황이 있었다. 예전에 동영상카메라를 구입한 동일한 매장에 방문하여 결제하고 해당 모델을 다음날까지 회사로 발송해 주기로 했다. 그런데 문제가 발생했다. 해당 모델이 워낙 인기 있는 모델이라 재고가 없다는 것이다. 내 입장에서는 시간이 중요했기 때문에 조금 당황스러웠다. 직원들이 당장 다음 주에 시작되는 교육프로그램을 준비할 시간이 부족했던 것이다. 다른 매장들에 전화해 봤지만 해당 모델의 재고가 없다는 답을 받았다. 당신이라면 이 상황에서 어떻게 했을 것인가?

우선 내 입장에서는 차후 동영상강의 촬영을 위한 고성능의 카메라가 필요했다. 그래서 그 모델보다 한 단계 높은 수준의 카메라를 구입하는 것도 고민했었는데 가격이 다소 비쌌다.

결국 상황들을 종합한 끝에 해당 매장에 일부 책임을 인정하게 하고 최초에 매장에서 확인했던 가격보다 훨씬 저렴한 가격으로 한 단계 높은 카메라를 구매하기로 결정했다. 또한 퀵배송비는 해당 매장에서 지불하게 했다.

여기서 협상을 위한 여러 가지 상황들을 정리해 보자.

1. 우선 시간이 없다. 빨리 받아야 한다.
2. 확인해 보니 다른 매장도 해당 제품의 재고가 없다.
3. 나중을 위해 좋은 제품이 필요하다.
4. 예전에 거래한 경험이 있기 때문에 어느 정도의 상호 신뢰는 있다.
5. 최초 약속을 지키지 못했기 때문에 상대방은 미안한 감정이 있다.
6. 약속을 지키지 못한 것에 대해 화를 내지 않아 관계가 깨지지 않았다.

여러분들은 어떻게 했을지 모르겠지만 더 좋은 제품을 저렴한 가격으로 구입하는 것으로 협상을 종료했다. 누군가는 바가지 쓴 것 같은데 무슨 좋은 협상이냐고 웃을지도 모르겠다. 물론 나 역시도 카메라의 원가를 모르니 그 부분에 대해서는 할 말은 없다.

나에게는 우선 가격 못지않게 시간이 중요했다. 우리 회사가 수

주한 교육프로그램을 차질 없이 진행하는 것이 무엇보다 중요했던 것이다. 그래야만 차후 해당 고객사의 추가 계약을 통하여 더 큰 수익을 낼 수 있기 때문이다. 직원들이 다급하지 않게 잘 준비할 수 있는 여유를 준 협상 결과에 대해 만족한다. 잠깐 화가 났지만 상대방과 관계를 깨뜨리지 않고 가격할인이라는 다른 혜택을 얻어낸 것도 잘한 결정이라고 생각한다.

나는 상황을 파괴하지 않고 온전하게 지키려고 노력했다. 다시 한번 해당 카피의 의미를 되새겨보자.

"협상으로 온전한 절반을 가질 것인가? 전쟁으로 파괴된 전부를 가질 것인가?"

19

파이를 키울 것인가? 쪼갤 것인가?

협상은 경쟁적 협상과 협력적 협상으로 나눌 수 있다. 파이를 쪼개는 경쟁적 협상 상황에서도 협상자들이 인내심과 상상력을 극대화한다면 파이를 키우는 협력적 협상이 가능하다. 협상자들의 공동의 가치를 극대화할 수 있기 때문이다. 한 가지 쟁점에 대한 경쟁적 협상을 추가적인 쟁점의 발견으로 협력적 협상으로 전환할 수 있다.

당신과 아내가 오랜만에 영화를 보기로 했다. 당신은 화끈한 액션영화를 보고 싶은데 아내는 부드러운 예술 영화를 보자고 한다. 이 경우 부부는 둘 중의 한 영화를 결정해야 하는 점에서 경쟁적 협상이 된다.

이 상황에서 부부가 한 가지 영화를 선택해야 한다는 쟁점에 추가하여 영화를 보기 전에 어디서 식사할 것인가에 대한 추가적인 쟁점을 발굴한다면, 결과적으로 서로에게 좀 더 만족스러운 협력적 협상이 이루어질 수 있다. 예를 들면, 당신이 원하는 화끈한 액션 영화를 보는 대신 아내가 원하는 부드럽고 로맨틱한 이탈리안 레스토랑에서 저녁을 하는 것이다.

협력적 협상이 되게 하려면 협상의 쟁점이 둘 이상이 되는 것이 바람직하다. 아무리 고민하고 타협해 봐도 쟁점이 하나에만 집중된다면 결국 경쟁적 협상이 될 수밖에 없다. 경쟁적 협상 상황은 결과가 어떻든 과정에서 오는 피로감도 크고 지속적으로 좋은 관계를 유지하기 힘들어진다. 물론 여러 가지 쟁점에 대하여 동시에 협상을 하는 것은 분명 복잡한 일이다.

하지만 협상자들이 다양한 쟁점들에 대하여 맞교환 또는 양보의 가능성이 높다는 점에서 창의적이고 문제해결적인 결과가 나올 가능성이 높다.

협력적 협상은 경쟁적 협상보다 상대적으로 협상자들 모두에게 보다 만족스러운 결과가 나오게 된다. 경쟁적 협상에서 협상자들이 제시한 입장의 중간 지점에서 타협하여 각자가 원하는 것의 절반만을 취하는 것과는 달리 협력적 협상에서는 협상자들 모두 각자 원하는 것 전부를 가질 수 있기 때문이다.

특히 영향력이나 자본 등 중요한 부분에서 약세인 경우 협력적 협상이 더 유리하다. 경쟁력 협상의 경우 협상력이 더 강한 협상자가 더 약한 상대방을 압박하여 더 큰 이익을 얻어내기 마련이다.

경쟁적 협상과 협력적 협상의 비교

경쟁적 협상	협력적 협상
협상자들이 나누어야 할 재원이 고정됨	협상자들이 나누어야 할 재원이 증대될 수 있음
주된 전략은 정보의 독점과 상대방 조정 강요	주된 전략은 정보의 공유 및 공동의 문제 해결
협상자들의 대립적 관계	협상자들의 동반자적 관계
협상자 일방의 승리	협상자들 모두에 이익이 되는 합의
일방적 양보 요구	양보의 맞교환
협상자들 각자의 입장 고수	입장 뒤의 동기에 집중
협상자들 각자의 주관적 기준 주장	객관적 기준 활용
힘, 시간 등 압력 행사	압력이 아닌 합리성 추구

출처: 협상 교과서

협력적인 협상이 서로의 이익을 공동으로 추구하는 점에서 경쟁적 협상보다 더 바람직하다고 볼 수 있다. 그러나 상대방이 어떤 협상 전략을 사용하느냐에 따라 당신의 협상 전략도 달라져야 한다. 이러한 접근을 '협상자의 딜레마'라고 부른다. '협상자의 딜레마'는 유명한 게임이론인 '죄수의 딜레마'와 유사하다.

죄수의 딜레마는 1950년에 미국 랜드(Research and Development)

연구소의 두 과학자 메릴 플러드(Merrill Flood)와 멜빈 드레셔(Melvin Dresher)가 시행한 게임이론 연구에서 시작되었다. 협동을 하면 모두에게 이익이 됨에도 불구하고 배반을 선택하게 되는 상황을 말한다.

두 공범자 A, B가 함께 범죄 사실을 숨기면 둘 다 형량이 낮아질 수 있는데도, 상대방의 범죄 사실을 수사관에게 알려주면 자신의 형량이 감경된다는 말에 혹해서 상대방의 범죄를 폭로함으로써 결국 둘 다 무거운 형량을 받게 된다. 두 죄수 모두 자신의 이익만을 고려한 선택을 했다가 공멸하는 결과를 맞이하는 것이다.

죄수의 딜레마 상황에서 만약 두 죄수가 서로 의사소통이 가능하다면 당연히 자백하지 않을 가능성이 크겠지만, 의사소통이 불가능하기 때문에 결정은 어려워진다. 자백을 안 하자니 상대방을 믿을 수 없고, 자백을 하자니 자신의 범죄를 인정해 높은 형량을 받게 된다.

죄수의 딜레마

구분		범인 A	
		자백	침묵
범인 B	자백	A=5년 / B=5년	A=10년 / B=석방
	침묵	A=석방 / B=10년	A=6개월 / B=6개월

*범인 A와 B가 선택할 수 있는 경우의 수

어떤 협상 전략을 선택할 것인지를 고민하는 이유는 각 전략이 추구하는 목표와 방법이 다르기 때문이다. 협력적 협상에서는 공동의 이익을 찾기 위하여 협상자들이 서로 정보를 공유하려 하지만, 경쟁적 협상에서는 보다 경쟁적 우위를 점하기 위하여 정보를 과장하거나 숨기게 된다.

협상자들 모두가 협력적이면 협상 결과는 일반적으로 긍정적일 것이다. 왜냐하면 상호 정보를 공개하고 공유하기 때문이다. 협상자 일방이 협력적이며 그 상대가 경쟁적이면 협상 결과는 일반적으로 상대가 더 유리하게 된다. 협상자 모두가 경쟁적이면 협상은 실패로 돌아가거나 누구도 이익을 얻지 못할 수도 있다.

이런 관점에서 보면 상대방이 어떤 협상 전략을 사용할지 모르는 불확실한 상황에서 당신은 무조건 경쟁적 협상을 실행해야 할지 모른다. 그렇기 때문에 본격적인 협상에 들어가기 전에 서로에 대한 신뢰를 쌓는 과정이 중요하다.

다행히 대부분의 협상 상황에서는 당신이 알고 있는 사람, 소개를 받은 사람, 당신과 지속적인 관계를 갖고 싶어 하는 사람, 좋은 평판을 유지하고 싶은 사람일 가능성이 높다. 이러한 신뢰형성에 대한 가능성은 최악의 협상자의 딜레마의 상황을 초래할 가능성을 낮춰 줄 것이다.

20

경청을 통하여 협상의 두 마리 토끼를 잡는 방법

협상 상황에서는 듣는 것이 무조건 유리하다. 크게 두 가지 관점에서 그렇다.

첫 번째는 상대방의 말을 들어주면 상대방은 들어주는 사람에게 본능적으로 호감을 느낀다. 특히 협상을 위한 첫 번째 만남 자리에서 듣는 기술은 더 큰 효과가 있다. 듣는 기술은 첫인상에 긍정적인 영향을 주기 때문에 다음 만남으로 이어질 가능성이 높아진다. 첫인상은 협상에서 너무나 중요하다. 첫인상 효과를 처음 이미지가 단단히 굳어 버린다는 의미로 '콘크리트 법칙'이라고도 한다.

한 취업 포털 사이트에서 기업의 인사담당자를 상대로 설문조사를 실시했다. 그 결과, 기업의 인사담당자 절반이 면접 시 지원자의 첫인상을 결정하는 것은 '2분 이내'라고 답했다. 첫인상을 결정짓는 가장 큰 요인으로 태도와 자세가 꼽혔는데, 인사담당자 중 63.4%는 첫인상이 스펙보다 중요하다고 답했다. 면접 도중 지원자의 첫인상이 바뀐 경우는 14.5%에 그쳤다. 아무튼 듣는 것은 첫인상을 결정하는 최고의 전략이다.

두 번째는 경청할수록 더 많은 정보를 얻을 수 있다. 확실한 것은 말을 많이 하다 보면 중요한 정보를 흘릴 가능성이 높다. 개인적으로 이러한 순간을 놓치지 않으려고 노력한다. 정보를 많이 알고 있어야 협상 자리에서 유리할 경우가 많기 때문이다.

예를 들어 보겠다. 전화를 걸고 첫 번째 미팅 자리를 잡았다. 우리의 목적은 이 회사와 첫 번째 거래를 시작하는 것이다. 누구든지 처음부터 중요한 정보를 주지 않는다. 다소 긴장되고 경계하는 첫 번째 미팅자리라도 한 시간 대화의 시간이 지나면 중요한 정보들이 나오는 순간들이 있다. "어차피 예산이 많이 쌓여서 올 해까지는 무조건 집행해야 해요. 2억 원 정도 잡혀 있으니 작지는 않지요."라고 상대방이 말할 수도 있다. 이 정도면 기존 거래처가 있어도 작은 규모의 매출은 우리에게 줄 수 있을 것이라고 생각할 수 있다. 또는 "기존 거래처 한 곳과 워낙 오랫동안 거래해서 내부에서도 뭐라고 하네요. 뭐 먹은 거 있냐는 식으로까지 말하는 사람도 있어요."라고 이야기하는 사람도 있다. 물론 100% 확신할 수 없지만 이런 경우 어쩔 수 없이 다른 거래처와 거래를 시작해야 되는 상황일 가능성이 높아진다. 정보는 협상에서 정말 중요하며 정보를 얻기 위해서는 듣는 기술이 중요하다.

첫째, 당신의 몸을 반쯤 앞으로 기울인 채로 경청에 임하라.

일명 '탑 대화법'이다. 이탈리아 토스카나 피사 대성당에 있는 기울어진 종탑, 피사의 사탑처럼 당신의 몸을 고객 방향으로 약간 기울여라. 고객은 '이 영업사원은 내 이야기에 귀 기울여 들을 준비가 되어 있네.'라고 생각할 것이다.

둘째, 감탄사를 사용하라.

고객의 말에서 핵심 포인트나 내용을 들으면 중간 중간 감탄사를 사용하는 것이다.

"와우!", "아하!" 등과 같이 감탄사를 사용하면 고객은 당신이 자신의 이야기에 집중하고 있다고 느낀다. 처음이라 어색하다면 '아, 그렇군요' 정도의 정중한 반응도 괜찮다.

셋째, '복사(Copy)'하라.

상대방의 말을 잘 듣고, 하는 행동을 따라한다. 고객이 물을 마시면 자연스럽게 물을 따라 마신다. 너무 티 나지 않게 고객의 행동을 복사해 따라하는 것도 고객 마음을 얻는 데 효과적일 수 있다. 이 부분은 미러링 기법으로 이후에 비중 있게 다룰 것이다.

협상 자리에서는 듣는 것과 말하는 것의 비중을 7:3 정도로 하는 것이 효과적이다. 최근 나의 고민은 옛날에는 안 그랬는데 미팅 자리에서 자꾸 말을 많이 하려고 한다. 그래서 직원들도 나와 미팅 가는 것을 싫어하는 것 같다. 확실하게 높은 자리에 있거나 나이가 많아질수록 말을 많이 한다.

거래처와의 협상 자리에서도 말 많은 임원이 함께 참석하여 협상을 망치는 경우도 허다하다. 높은 자리에 있으면 대체로 상대방의 니즈에 덜 민감하게 되고 본인의 생각을 강요할 경우가 높아지기 때문이다. 나에게 하는 반성이기도 하지만 이 책을 읽는 높은 자리에 있는 분들은 이 부분을 의식적으로 파악하길 바란다.

경청에 대한 이야기는 하도 많이들 하는 소리이기에 경청에 대한 명언 한 가지와 함께 멈추겠다. 경청 이야기는 나 역시도 언급하기 지겹다.

남의 말을 경청하는 사람은 어디서나 사랑받을 뿐 아니라
시간이 흐르면 지식을 얻게 된다.

_윌슨 미즈너

21

협상 상대방의 존경과 신뢰를 얻는 구체적 방법

협상 상황에서 대단히 중요한 능력이다. 첫 협상 자리에서 상대방의 존경과 신뢰를 얻을 수 있다면 협상은 무척 유리해진다. 그렇다고 수준도 안 되면서 상대방에게 존경과 신뢰를 얻으려고 억지스럽게 노력하는 모습이 보인다면 역효과가 난다. 존경과 신뢰는 그냥 평소의 자연스러운 모습을 통하여 얻어진다. 대화에서 보이는 태도나 어투에 묻어서 전달된다. 절대 가식적이거나 과장된다고 얻어지는 것이 아니다.

나 같은 경우 쉽게 눈치 챌 수 있다. 이 분이 존경받는 분인지 아닌지를 말이다. 무언가 확실하게 성공한 사람들은 겸손하며 자신을 내세우지 않는다. 말도 그리 많지 않고 평범해 보이기까지 하다. 만약 초면에 유명인들과의 친분을 내세우며 말이 지나치게 많은 사람은 100% 속 빈 강정이다.

일단 존경과 신뢰에 가장 큰 영향을 미치는 것은 바로 '전문성'이다. 예를 들면 협상 자리에서 상대방이 나에 대한 긍정적인 정보, 즉 그 분야의 전문가라고 인식하고 있다면 협상은 무척 수월해진다. 물론 대부분 처음 보는 자리에서 그 사람이 전문가라는 사실을 잘 모른다.

어떻게 하면 전문가라는 점을 알게 할 수 있을까? 간단하다. 상대방이 어렵게 생각하고 해결하고 싶은 과제들에 대해 많은 실전 경험을 기반으로 설득력 있게 이야기하는 것이다. 확실하게 전문가들은 실전 경험이 풍부하다. 문제를 해결해 본 경험이 많다는 것이다.

두 번째 영향을 미치는 요소는 '교양'이다. 전문성은 있는 것 같은데 교양이 없어 보이면 우리는 상대를 존경하거나 상대에게 신뢰를 보이는 데 주저하게 된다. 무엇인가 배우고 싶긴 한데 함께 하고 싶지는 않다는 생각이 든다. 과거에는 워낙 지식이나 정보가 제한적이었기 때문에 무엇인가를 뛰어나게 잘하면 그 자체로 존경했다.

하지만 지금은 확실히 다르다. 많은 교육과 훈련을 통하여 업무적인 부분은 상향평준화되었다. 쉽게 말해서 일 자체를 잘하는 사람이 워낙 많다는 것이다. 그래서 우리는 전문성에 교양을 갖춘 사람에게만 존경과 신뢰를 보내게 되고 확실히 협상 상황에서도 유리해진다. 신뢰는 '굳게 믿고 의지함'이라는 사전적 뜻이 있지만 협상 상황에서는 '오랫동안 거래나 관계를 가지고 싶은 감정'이라고 재해석하고 싶다.

협상의 목적은 결국 원하는 목표를 달성하는 것이다. 그 목표가 비즈니스의 성공이든지 직원의 5% 급여 인상을 통해 오랫동안 열심히 일하게 하는 것이든지 어느 것이든 신뢰, 즉 '오랫동안 거래나 관계를 가지고 싶은 감정'은 확실히 상황을 유리하게 만든다.

그렇다면 교양을 높이기 위해 우리가 노력해야 하는 것은 무엇일까? 쉽게 생각하면 학위나 자격증이 떠오른다. 물론 일정부분 영향을 미친다. 장기적으로 더욱 중요한 것이 있는데 바로 독서이다. 독서는 교양을 높여주는 가장 강력한 수단이다. 왜냐하면 어휘력이 좋아진다. 어휘력이 좋아지면 확실히 같은 상황을 더욱 적절하고 생동감 있게 표현하기 때문에 설득력이 높아진다.

나는 짧은 대화만으로도 상대방의 독서 수준을 쉽게 알 수 있다. 독서를 잘하지 않는 사람은 대화 속에서는 사용하는 단어가 무척 제한적이고 반복적이다. 존경이나 신뢰감을 느낄 만한 교양을 갖추지 못하고 있다.

강의를 하다 보면 다양한 사람을 만난다. 특히 고성과자와 성과가 낮은 사람을 따로 교육할 때이다. 실제 한 의류관련 회사의 영업사원 강의를 한 적이 있었다. 2차로 나눠 진행했는데 첫 번째 차수는 고성과자, 두 번째는 저성과자였다. 수업 태도는 물론이고 교양의 수준은 너무나 달랐다. 상대방을 배려하는 정도 역시도 충격적일 정도로 큰 차이를 보였다. 솔직하게 왜 성과가 좋은지 왜 성과가 안 좋은지를 정확하게 알 수 있는 기회였다.

교양의 수준은 다루는 현안이나 판매하려는 상품과 서비스에 상관없이 협상 상황에서 큰 힘을 발휘한다. 확신컨대, 이 책을 읽는 분들은 교양 수준이 높으며 상대의 존경이나 신뢰감을 얻을 수 있는 매력적인 능력의 소유자들이다.

22

상대방의 본능적인 호감을 얻는 미러링 기법

"인간은 무의식적으로 자신이 호감을 보이는 사람과 같은 동작을 취하게 된다."

1902년 사회학자 찰스 호튼 쿨리는 '미러링 효과(Mirroring effect)'를 제기하면서 다음과 같이 말했다. "자아 관념은 타인과 교류하면서 형성되고 타인의 견해를 반영한다. 또한 자신에 관한 생각은 타인으로 인해 생기며 타인의 태도로 결정된다."

쿨리는 〈인간 본성과 사회질서〉라는 책에서 유명한 비유를 들며 "모든 사람은 다른 사람의 거울이고, 그들의 모습을 반영한다."라고 했다. 이를 '미러링 효과'라고 한다.

말 그대로 미러링 효과는 우리가 거울을 통해 자신의 모습을 보는 것처럼 '나'에 대한 자아 인식 또한 다른 사람이 나를 어떻게 생각하는지에서 온다는 것이다.

미러링은 사실 연인이나 부부관계를 예측하기에 훌륭한 지표다. 2008년 네덜란드 래드버드대학 카레먼스 교수의 연구결과, 사랑에 빠진 사람은 그렇지 않은 사람보다 무의식적으로 연인을 따라 하려는 성향을 보인다는 것을 밝혀냈다. 흔히 연인 간에 발걸음의 보폭이 비슷해지는 것도 같은 맥락으로 이해할 수 있다. 커플룩, 커플링, 커플 신발 등을 하고 싶어 하는 것도 사실 이 미러링의 일환이다. 서로의 간격을 좁혀가는 다양한 형태 모두 미러링의 범주로 볼 수 있다.

미러링이란 용어가 생소한 사람조차도 한 번쯤은 해 보았을 것이다. 거창한 커뮤니케이션 스킬이 아닌 무의식적으로 하게 되는 동작이기 때문이다. 이 무의식적으로 하는 행동을 효과적으로 사용할 수 있다면 커뮤니케이션 스킬은 훨씬 더 배가 될 것이다. 그렇다면 이 미러링을 효과적으로 협상 상황에 접목하려면 어떻게 해야 할까?

메신저로 대화할 때 유난히 이모티콘을 많이 쓰는 사람이 있다. 그럴 때는 나 역시 이모티콘을 적절하게 활용하며 답장을 보내준다. 또 어떤 사람은 표준어를 엄격하게 지켜서 쓰는 사람이 있다. 내가 설령 이모티콘을 많이 쓰며 맞춤법을 덜 지키는 사람이라도 이런 상대에게는 표준어를 정확하게 쓰며 톡을 보내야 한다. 만약 표준어를 지키고 꼬박꼬박 존칭을 쓰는 고객에게 표준어를 지키고 꼬박꼬박 존칭을 사용해서 답장을 하면 상대는 편안함을 느낄 것이다. 반대로 이 상대에게 표준어가 잘못되고 유행어나 이모티콘을 남발한다면, 상대는 심지어 매우 불편할 수도 있다.

가령 상대가 대화 때 "ㅎㅎㅎ"를 많이 붙여서 카톡을 쓰는 사람이라면, 나 역시 답장할 때 꼭 "ㅋㅋㅋ"가 아닌 "ㅎㅎㅎ"를 써주어라. 상대는 자신도 모르게 마치 나와 오래 대화하던 사이인 것처럼 편안함을 느낄 것이다.

대화 시에 상대의 말을 반복해 주는 것이 좋다. 미국의 릭 밴 바렌의 실험에 의하면 레스토랑에서 직원이 주문한 내용을 확인하여 다시 반복했을 경우 팁을 받는 금액이 최고 70%까지 상승했다고 한다.

"주문하신 내용 확인해 드리겠습니다. 립 아이스테이크 하나, 컨츄리치킨 샐러드 하나, 몬테크리스토 샌드위치 하나, 콜라 두 잔 맞으시죠?"라고 하는 것이다.

상대와 판매를 위한 대화를 할 때 다음의 방법을 써 보아라. 가령 "돈이 없어서 저축하기 힘들어요."라고 했을 때, "아닙니다. 그럴수록 해야죠."라고 자신의 의견을 바로 말하지 말라. 상대가 하는 말을 그대로 따라 말해 주는 것이 먼저다.

"아. 아무래도 저축하기가 쉽지 않죠?"라고 말한 뒤 "그런데 고객님~" 하면서 하고 싶은 말을 이어가면 된다.

일심동체(一心同體)란 말이 있다. 하지만 학자들의 연구에 따르면 동체일심이 더 정확하다고 한다. 즉 행동, 언어, 태도, 패션, 기호 등이 서로 같아지면(同體) 일심(一心)이 된다고 한다. '미러링(Mirroring)'은 상대방의 언어나 비언어(행동)의 일부 또는 전부를 거울 속에 비친 것처럼 그대로 따라 하는 것을 말한다. 의도적인 미러링조차도 일심(一心)을 자극하여 상대방의 마음을 움직일 수 있다. 상대가 커피를 한 모금 마시면, 나도 따라 마시는 것도 미러링의 하나이다.

상대방이 나를 따라 하게 하는 것은 고수의 미러링 기법이다. 즉, 내가 먼저 의도하고자 하는 분위기를 먼저 연출해서 상대가 그 행동을 따라 하도록 하는 것이다. 내가 환하게 먼저 웃어서 상대가 자신도 모르게 웃게 하는 것, 열정적인 분위기에서 상대 역시 열정적으로 뜨거워지는 것 등이 상대방이 따라 하게 만드는 미러링 기법이다.

긍정적인 말과 열정적인 분위기로 상대를 이끌어라. 자연스럽게 상대를 그 분위기에 휩싸이게 한 뒤, 상대와 같은 표현의 언어, 동일한 제스처 등을 통해 동질감을 심어주는 것이다.

23

협상을 긍정적으로 이끄는 기술, YES SET

상대방에게 YES가 나오는 대답의 질문들을 하고 연이어 YES를 말하게 하는 기술을 YES SET이라고 한다. 무의식중에 긍정적인 마음이 형성되어 다음 대답도 긍정적인 가능성을 높이는 것이다. 이 과정에서 자기방어벽이 서서히 해제되고 나를 보호하기 위해서 판단하는 기능인 비판적 사고가 약화된다. 이 기술은 긍정적인 결과를 유도해내는 사면초가 기술인데, 사람의 잠재의식을 긍정적으로 작용시키는 기술이다.

남자선배가 좋아하는 여자후배에게 데이트를 신청한다. YES SET을 통하여 성공하였다.

남: 너 혹시 영화 보는 것 좋아하지? (영화 좋아하지 않는 사람은 거의 없다.)

여: 네(Yes), 좋아해요~.

남: 나도 좋아하는데~ 너도 영화 주로 친구랑 보니?

여: 네(Yes), 뭐 그렇죠. 다들 친구들이랑 영화보는 것을 좋아하니까요. 부담 없고~(Yes).

남: 맞아. 너도 혹시 공포 빼고 영화 다 보지 않니?

여: 네(Yes)! 저 공포 진짜 싫어해요. 공포 빼고 멜로나 다른 장르는 다 좋아해요~(Yes).

남: 나도 공포영화는 별로더라고. 그런데 영화관에서 팝콘이 왜 이렇게 땡기는지……. 너도 그렇지?

여: 네(Yes)! 전 평소에 팝콘 별로 안 먹는데 영화관에서만 그렇게 많이 먹게 되더라고요. 특히 콜라랑.

남: 맞아! 맞아! 진짜 특히 그 달콤한 팝콘! 너무 맛있어.

여: 맞아요(Yes). 먹고 싶다.

남: 그래? 그러면 다음에 같이 멜로 영화 보면서 달콤한 팝콘 먹으러 가면 되겠다~(긍정적인 제안)

여: 좋아요(Yes). 언제 보러 갈까요?

계속 Yes라는 좋은 분위기를 갑자기 No로 바꾸기 어색해진다. 또한 자꾸 Yes라는 분위기가 자연스럽게 오가는 경우 결과도 좋을 것이라는 생각이 은연중에 마음을 지배하게 된다.

협상가들은 중요한 협상을 앞두고 이런 고민을 한다.

"까다로운 안건과 쉬운 안건 중에 어떤 것을 먼저 협상 테이블에 올릴까?"

많은 사람들은 까다로운 안건으로 시작해 상대를 강하게 몰아세워야 한다고 주장한다. 중요하고 까다로운 이슈가 풀리면 나머지는 일사천리라는 논리다. 하지만 이는 좋은 방법이 아니다. 협상의 순서를 정할 때는 쉽게 타결할 수 있는 안건을 앞에 놓는 것이 좋다.

이는 인간의 뇌가 '항상성(恒常性)'을 갖고 있기 때문이다. 인간의 몸이 관성의 법칙에 영향을 받듯이 뇌도 그러한 특징이 있다. 큰 고민 없이 "예스(Yes)."라고 답할 수 있는 질문을 계속 받으면 우리 뇌는 "Yes"라는 단어와 친해진다. 그래서 "Yes"인지 "No"인지 고민되는 질문에서도 "Yes"라는 답을 할 확률이 높다. 이러한 대화법을 'YES SET 대화법'이라 한다.

협상을 시작할 때는 항상 상대와 쉽게 타결할 수 있는 안건을 먼저 제안하라. 이를 통해 상대와 나의 생각을 'Yes'로 맞춰라. 이렇게 두 번 세 번 'Yes'가 이어지면, 상대는 'No'라고 답하기 쉽지 않다. 내 입장에선 부드러운 분위기 속에서 훨씬 유리하게 협상을 끌고 갈 수 있다.

노사 협상 상황을 가정하자. '임금 인상률'이라는 가장 까다로운 안건부터 먼저 꺼내는 CEO는 하수(下手) 협상가다. 협상 초기에는 노사 양측이 서로 'Yes'라는 답변이 쉽게 나올 수 있는 안건부터 다뤄야 한다. 나 역시도 협상을 할 때 가장 다루기 까다로운 부분을 나중에 말한다. 대부분 가격(견적)에 대한 부분이다. 처음부터 가격부터 말하면 No라는 부정적인 분위기가 전체 협상을 지배할 가능성이 높아진다. 일반적으로 가장 민감한 부분인 '돈'에 대한 이야기는 나중으로 미루는 것이 좋다.

이 방법은 역사적으로 소크라테스가 많이 사용했다고 해서 〈소크라테스 문답법〉으로 불리고 있다. 이제부터 상대방으로 하여금 '네, 물론이죠, 그럼요'라는 답변이 나올 수 있는 질문으로 대화를 해 보라. 계속해서 '네'라는 답변을 받아낸다면, 몇 분 전에 상대방이 강력하게 부인하던 문제에 대해서도 '네(Yes)'라는 대답을 얻어낼 수 있게 된다.

24

문제해결 중심의 대화를 이끄는 방법

효과적인 협상을 이끌기 위해서는 대화의 방향을 '문제 중심'이 아닌 '해결 중심'으로 이끌어야 한다. 일반적으로 해결 중심의 질문을 했을 때 상대방은 자신의 주관적인 관점이나 의견이 인정되고 반영된다는 느낌을 갖기 쉬우므로 해결 과정에서 큰 저항이 발생하지 않는 장점이 있다. 문제의 원인보다는 해결책을 지향함으로써 공동으로 찾아가는 과정에서 협력적인 관계가 형성되기 쉽고 미래지향적이다.

협상에는 분쟁 해결의 협상과 같이 누군가의 잘잘못을 반드시 따져야 하는 경우가 없는 것은 아니다. 하지만 전적으로 누구의 잘못인지 가려내는 것으로 문제가 해결되는 경우는 없다. 갈등이나 문제가 발생했을 때 무엇보다도 중요한 것은 이를 회피하거나 즉각적으로 문제나 갈등의 존재를 자기 방어적으로 부정하는 것이 아니다. 어떻게 해결할 것이냐에 초점을 맞춘 긍정적이고 생산적인 협상의 대화가 필요하다.

문제 중심 (Problem Focused)	해결 중심 (Solution Focused)
문제와 해결책의 관계성이 중요 객관적 문제의 원인 분석에 초점 평가와 진단이 선행 과제 "왜, 누구에 의해 발생했는지?" 중심	문제와 해결책은 별개의 존재 주관적 문제해결책에 초점 평가와 진단은 해결 과정의 일부 "어떻게 해결할 수 있는가?" 중심

문제 중심의 대화보다는 해결 중심의 협상을 위해 두 가지 대화법을 추천하고자 한다.

첫 번째는 I-Message 기법이다. 해결 중심의 대화를 위해서는 상대방(You)보다는 자신(I)을 중심으로 표현하는 것이 바람직하다. 우리는 협상을 할 때 많은 시간을 상대방이 '무엇을', '왜' 했는지를 이야기하면서 보낸다. 이를 토대로 상대방을 중심으로 문제를 구성한다. 만약 상대방이 그 주장에 동의하지 않는다면 결국 어떤 결과가 나올까? 서로의 주장을 무시하고 흥분하게 될 것이고 결국 불필요한 감정적 대응을 불러일으킬 것이다. 반면 '나'를 중심으로 만들어진 주장과 표현은 상대방의 공격으로부터 좀 더 안전하게 만든다.

상대방(You) 중심: 당신이 거짓말을 했잖아요.

자신(I) 중심: (당신의 말로 인해) 내가 결과적으로 이런 어려운 상황에 처하게 되었네요.

상대방(You) 중심: 당신이 절 부당하게 대했잖아요.

자신(I) 중심: 제가 지금 좀 당황스럽네요.

상대방 중심이든 자신 중심이든 동일한 메시지를 전달한다. 상대방을 중심으로 할 경우, 문제 중심의 대화가 되기 쉽고 문제의 원인으로 그 대화의 방향이 흐르게 된다. 자신을 중심으로 할 경우에는 문제의 원인보다는 문제로 인해 초래된 결과에 초점이 맞춰질 가능성이 높아진다. 이를 통해 자연스럽게 문제 해결 중심의 대화로 진행된다.

두 번째는 DESC 화법이다.

1단계 Describe: 문제를 사실적으로 표현한다.

2단계 Express(Explain): 그 문제에 대한 느낌, 생각을 전한다.

3단계 Suggest: 당신이 생각하는 대안을 제시한다.

4단계 Consequence: 어떤 점에서 도움이 되는지 설명한다.

예를 들어 친구가 전화를 걸어 "오늘 저녁에 한잔하자."고 했는데, 내가 "나 오늘 선약이 있어서 안 돼."라고만 끝냈다면 무척 섭섭해 할 것이다.

그 대신,

"오늘 저녁에 만나자고?(사실, Describe)

미안해, 오늘 저녁은 선약이 있는데.(표현, Express)

금요일 저녁은 어때?(제안, Suggest)

그러면 부담 없이 한 잔할 수 있지 않겠어?(결과, Consequence)"

라고 말하면 친구는 내 성의나 미안한 마음을 그대로 느끼게 된다.

다시 한번 연습해 보자. 자신이 사용하려고 했던 노트북을 친구가 빌려 달라고 한다. 단념하고 빌려줄 것인가, 고장 났다고 할 것인가, 아니면 그냥 싫다고 할 것인가? 어려운 순간이다. 이 상황을 DESC 화법으로 표현하면 다음과 같다.

Describe: 오늘 이 노트북을 빌려달라고 하는 거지.

Express: 오늘 나도 사용하려고 했기 때문에 빌려주기가 곤란해.

Suggest: 내일이라면 괜찮을 것 같은데…….

Consequence: 그러면 며칠 여유 있게 쓸 수 있으니까 더 좋지 않겠어?

성공이다. 더 좋은 대안을 제안하며 기분 좋게 협상하는 DESC 화법을 훈련해 보았다. 다음의 상황을 DESC 화법으로 연습해 보자.

구분	구체적인 내용	DESC 화법
1번 상황	거래업체와 내일 만나 계약하기로 하고 기분 좋게 헤어졌는데, 합의한 수수료보다 1%만 더 내려 달라고 한다.	
2번 상황	첫 판매가 시작되었는데 매출이 안 나온다며 상대방이 다음 판매에서 빠지자고 강력하게 나오고 있다.	
3번 상황	대기업이라는 점을 강조하며 당사의 기준보다 터무니없이 높은 조건을 요구한다. 담당자로서는 결정하기 힘든 상황이며 상사는 알아서 처리하라고 한다.	
4번 상황	이번 주 까지 계약하기로 구두 약속했던 A 업체가 주말이 다가오는데 이유도 말하지 않고 미루고 있다. 더구나 전화하여 처음부터 다시 이야기를 하자고 하는데…. 당신은 회사에 이미 계약 약속을 보고해 놓았다.	
5번 상황	다음 주에 방송하기로 한 해당 상품 방송이 아무 이유 없이 한 주 연기 된다고 한다. 업체와 모든 협의가 끝난 상태이므로 신뢰의 문제가 발생할 수 있다.	

25

나의 감정을 통제하고 상대방의 감정을 흔드는 전술

미국 와튼 스쿨 협상연구소에서 협상과 그 합의에 있어 결정적 요소를 조사한 결과, 이성적 부분인 전문 지식과 관련 있는 사례는 8%에 불과했고, 호감이나 신뢰라는 인간적이고 감정적인 요소와 관련된 사례가 55%였다고 발표한 바 있다.

이 조사결과는 이성적인 기준인 논리나 데이터에 기준을 둔 협상보다 사람 간의 신뢰와 호감도에 기준을 둔 협상이 더 효과적이라는 점을 말해 준다.

그렇다면 감정은 어떻게 협상 전반을 지배하는가? 먼저 협상 초기에 우리는 '두려움'이라는 감정에 휩싸이게 된다. 이는 내가 원하는 결과를 얻기 위한 상대방에 대한 정보나 지식이 아주 없기 때문에 나타나는 감정이다.

만약 우리가 상대방에 대해 친밀한 관계를 유지하며, 상대방의 여러 상황에 대해 잘 알고 있다면 협상 초기의 '두려움'이라는 감정은 크지 않을 것이다. 하지만 우리가 접하는 상대방이 모두 나와 친구이거나 가족과 같은 관계를 가진 것이 아니기 때문에 두려움이라는 감정이 나타나게 되는 것이다. 이러한 협상 초기의 두려움을 제어하고 관리하기 위해서는 상대방이 어떤 상황인지에 대한 정보와 판단이 필요하다. 구체적으로는 상대의 장단점, 상대방의 협상목표, 과거의 협상관행 등을 파악할 필요가 있다.

또한 협상 초기의 두려움은 상대방에 대한 무지(無知)만이 아니라 나에 대한 무지에서도 발현된다. 내가 협상에서 얻고자 하는 구체적인 목적과 목표가 무엇인지, 그 목표를 달성하기 위한 방법과 협상과정상의 필요한 것들은 무엇인지, 나의 강점과 약점은 무엇이고, 무엇을 바탕으로 상대방을 설득할 것인지 등 나에 대한 무지를 해소하는 것이 필요하다. 나를 알고 상대방을 알아 협상의 두려움이 해소되었다면, 이제 본격적으로 협상에 돌입해야 할 때이다.

협상의 과정상에서도 감정은 협상 전반에 걸쳐 중요한 부분을 차지한다. 협상은 나의 의지대로 흘러가지 않는다. 상대방이 있고 그 상대방은 내가 원하는 목적과는 다른 목적으로 협상에 임한다. 이는 결국 협상과정상의 필연적인 갈등을 내포하게 된다. 이러한 갈등상황에서 상대방은 나에 대해 적대적일 수 있으며, 나에 대한 인간적인 모욕까지 퍼부을 가능성도 있다.

만약 이러한 적대적 협상과정이라면 '분노'라는 감정에 휩싸이지 않을 사람은 극히 드물 것이다. 분노가 지배하는 협상과정을 해소하는 길은 분노를 인정하고 객관화하는 것이다. 분노에 대한 객관화는 내가 상대방에게 분노하는 이유에 대해 생각해 보고, 그 이유에 대해 상대방에게 설명하는 전체과정을 의미한다.

만약 상대방에게 내 감정을 해소하듯이 대응한다면, 상대방 또한 분노에 휩싸이게 될 뿐이다. 상대방에게 내가 분노하는 이유를 차분히 설명한다면 상대방은 미안해하거나 민망해할 가능성이 크다. 가령, 나에 대해 '당신은 이 부분에 대해 아무것도 모르고 있는 신출내기에 불과하다'라며 인신공격을 하는 상대방에게 '당신이 무엇을 아느냐'고 감정적으로 대응하기보다 '당신의 그러한 언동이 나에 대한 인간적인 모욕으로 느껴지고, 나는 그것에 대해 부당하다고 생각한다'고 대응한다면 상대방의 공격의지는 한풀 꺾이게 된다.

〈원하는 것이 있으면 감정을 흔들어라〉의 저자 하버드대학 로저 피셔 교수는 억지로 감정을 숨기려고 하기보다 적절한 범위 내에서 적절한 방법으로 감정을 표현하는 것이 더 효과적이라고 이야기한다. 이는 감정을 설명하는 과정을 통해 협상의 주도권이 다시 나에게도 넘어오게 하는 것을 말한다. 협상도 결국 도덕적인 우위에 있을 때 지배력이 생기기 때문이다.

협상의 초기와 중기에서 두려움과 분노를 잘 관리했다면, 협상의 말미에서는 상대방과의 '신뢰'에 대한 감정에 신경 써야 한다. 협상의 결과가 만족스러울 수도, 혹은 불만족스러울 수도 있지만 상대방은 언제나 협상테이블에서 다시 만날 수 있다. 이를 위해 필요한 것은 상대방과의 장기적인 신뢰를 쌓는 과정이다.

만약 내가 협상결과를 유리하게 가져갔다면, 다음번의 협상에서는 상대방의 이익에 대해서도 보장하겠다는 식의 배려가 필요하고, 만약 내 협상결과가 불리했다면 다음번 협상에서 상대방의 양보를 약속받는 식으로 장기간의 신뢰관계를 형성해야 한다.

1900년대 중반 미국의 프린스턴대학은 아인슈타인을 유럽에서 초빙하기 위해 아인슈타인이 요구한 수준의 2배에 달하는 연봉을 지불했다. 프린스턴대학 입장에서는 손해 보는 장사였지만, 아인슈타인과 같은 인재를 영입하기 위해서는 최고수준의 대우가 필요하고, 이를 통해 아인슈타인과의 신뢰관계를 형성하는 것이 중요하다는 것을 알았기 때문이었다.

그 결과 하버드대학이나 예일대학 같은 유수의 대학에서 아인슈타인에게 거액의 연봉을 제시하더라도 아인슈타인은 자신을 처음 미국으로 초빙할 당시 자신을 속이지 않고, 극진한 대우를 해준 프린스턴대학을 평생 떠나지 않았다고 한다. 한순간의 이득보다는 장기적 신뢰가 승리한다는 것을 보여준 중요한 사례이다.

협상은 감정으로 시작하여 감정으로 끝난다. '두려움'으로 시작하여 '분노'하는 과정을 거치는 협상은 결국 '신뢰'라는 결과로 끝맺음해야 한다. 협상은 이성적인 계산으로 이루어지는 과정이 아닌 사람과 사람이 하는 인간관계에서 시작되기 때문이다.

26

나와 상대방의 신뢰 수준을 파악하는 방법

신뢰는 협상 결과에 크게 영향을 미친다. 상호 간의 신뢰수준이 낮다고 판단된다면 중요한 협상 안건에 돌입하기 전에 신뢰 관계를 쌓는 것이 중요하다. 나와 상대방의 신뢰관계를 판단할 수 있는 표를 참고하여 협상 상대자들과의 새로운 전략을 수립하는 것을 추천하고 싶다. 영업사원으로 시작하여 골드만삭스 사장 자리까지 오른 도키 다이스케의 신뢰관계 도표를 살펴보자.

신뢰단계	대화 분위기	고객 반응
1단계	차갑다	약속을 잡기 위해 전화를 걸어도 "무슨 일인데요?", "바쁩니다."라며 쌀쌀맞게 경계한다.
2단계	형식적이다	고객을 만나긴 해도 비즈니스에 관한 이야기를 꺼내면 "고마워요. 검토해 보겠습니다."처럼 형식적인 대답만 할 뿐 생산적인 반응이 없다.

신뢰단계	대화 분위기	고객 반응
3단계	조금 따뜻하다	전화를 걸어서 "시간 좀 내주십시오."라고 부탁하면 용건을 몰라도 만나준다.
4단계	협력적이다	비즈니스를 성사시키려면 어떻게 해야 하는지 조언과 격려를 해 준다.
5단계	친밀하다	언제든지 "계약을 맺어주십시오."라고 부탁할 수 있고, 설령 지금은 하지 않더라도 "다음에 반드시 하겠습니다."라고 대답한다.

협상 시 신뢰를 쌓는 노력은 매우 중요하다. 하지만 현실적으로 그럴 만큼 충분한 시간을 가지고 협상에 임하기는 어렵다. 그렇다고 해서 이를 무시할 수는 없는 법이니 짧은 시간에 신뢰를 쌓을 수 있는 방법은 없을까? 다음은 하버드 비즈니스 스쿨에서 제안하는 협상 시 신뢰를 쌓는 다섯 가지 방법에 대한 내용이다.

1. 상대방의 언어를 사용하라(Speak Their Language)

협상 시 서로의 언어를 이해하는 것은 매우 중요하다. 이는 단순히 기술적이거나 전문 용어를 이해하는 수준을 넘어서서 말에 담긴 뉘앙스나 문화적 해석을 파악하는 것까지 포함한다. 시간을 들여 상대방의 역사나 문화, 관점을 이해하려고 노력하는 것은 상대에게 이 협상과 관계 형성에 정성을 들이고 있다는 인상을 심어 준다.

2. 평판을 관리하라(Manage Your Reputation)

부정적인 평판은 협상을 초반부터 결렬되게 만들며, 좋은 평판은 협상이 고착 상태에서 벗어나게 하는 힘을 가지고 있다. 협상에서 평판을 도구로 사용하려면 양자를 함께 알며 신뢰할 수 있는 제3의 인물에게 자신의 성격과 능력을 확인할 수 있는 사례들을 일러두는 것이 좋다. 그러면 적절한 상황이 왔을 때 제3자가 그 내용을 언급할 수도 있다.

3. 의존적인 요소를 만들어라(Make a Dependent Factor)

당신이 특정 인물에게 의존적일수록 그를 믿는 경향도 강해진다. 협상에서는 각자의 목표를 달성하기 위해 양측 모두 상대방이 필요하여 다른 선택지가 없다고 믿는 상황이라야 상호 간 신뢰가 높아진다. 협상가로서 당신은 당신만이 줄 수 있는 특별한 이익과 협상이 지연될 때 발생할 수 있는 손해를 강조해야 신뢰를 쌓아갈 수 있다.

4. 조건 없는 양보를 하라(Make Unilateral Concessions)

상대를 위해 특별히 준비된 조건 없는 양보는 신뢰를 얻는 데 큰 도움이 된다. 양보하는 입장에서는 약간의 수고나 위험 부담이 따르지만 상대에게는 큰 이득이 되는 것이어야 한다. 조건 없는 양보는 신뢰를 쌓는 데 도움이 될 뿐만 아니라 당신을 상대가 가치

있게 여기는 것을 이해하는 능력을 가진 사람으로 보이게 한다.

5. 요구를 정확히 설명하라(Explain Your Demands)

심리학자들에 의하면 사람들은 자신을 관대한 시선으로 바라보는 한편, 상대에게는 훨씬 엄격한 잣대를 댄다. 특히 자신과 갈등 상황에 있는 상대에게는 더욱 엄격해진다. 따라서 협상에서 자신의 입장에 대한 확실한 근거를 확보하고, 상대에게 자신의 요구사항을 명확히 설명할 필요가 있다. 그래야 신뢰를 유지하거나 강화할 수 있다.

개인적으로 비즈니스 상황에서 '신뢰'의 의미를 정의하자면 '상대방과 오랫동안 거래할 수 있는 감정이나 확신'이라고 생각한다. 결국 협상에서의 신뢰는 오랫동안 좋은 결과를 유지하기 위해 함께 노력할 수 있을까에 대한 확신으로 볼 수 있다. 신뢰를 위해 노력하라. 그리고 오랫동안 함께 할 수 있다는 확신을 심어줘라.

27

어떤 경우는 관계가 협상의 독이 되기도 한다

관계가 모든 것을 해결해 줄 것이라는 환상에서 벗어나야 한다. 얼마나 많은 스캔들과 의혹들이 소위 말하는 '인맥'을 통해 만들어져 왔는가? 진정한 관계는 맹목적이지 않아야 한다. 또한 누군가의 희생을 필요로 하지 않아야 한다. 어느 누구도 상대방을 위해 위험을 감수할 필요가 없기 때문이다.

협상의 목적과 상황에 대한 철저한 이해를 바탕으로 서로의 차이를 인정하면서도 서로의 이익이 무엇인지를 냉정하게 분석하고 판단할 수 있어야 한다. 서로의 이익을 실제적으로 충족시켜 주고 서로의 가치를 확대해 줄 수 있는 방법을 고민해야 한다.

분명 생산적인 관계는 필요하다. 인간의 인식 과정과 감정은 때때로 인식하지 못한 방향으로, 의도하지 않는 방향으로 전개되기 쉽다. 합리적인 판단보다는 즉각적인 직관적 판단이 의사결정을 주도하기도 하고, 스스로의 감정이 논리적인 판단을 흐리게 하기도 한다.

이러한 오류들은 결국 상대방에 대한 불필요한 오해나 갈등상황을 가져 올 수 있다. 건강한 인간관계는 이런 위험 요소들을 안전하게 건널 수 있게 도와주는 역할을 한다. 좋은 관계는 상대방으로부터 위협을 느끼기보다는 편안함을 느끼게 하고 경쟁보다는 협조를 용이하게 해 준다. 이러한 긍정적 분위기는 결국 생산적인 문제해결에 효과적으로 작용한다.

하지만 관계만 의지하여 협상을 자기 쪽에 유리하게 하려는 태도는 잘못이다. 협상 결과가 좋지 않아 관계를 따지며 의리 없다고 표현하는 것은 최악이다. 이런 모습들은 주위에서 흔하게 볼 수 있다. 그리고 많이 겪었다. 그래서 가능하면 지인과의 중요한 거래를 멀리 한다. 물론 지인과의 거래 시에 인정(人情)으로 접근하는 것이 아니라 전문성으로 접근하는 경우는 거래를 하기도 한다.

나름대로의 원칙이 있다. 우선 매출을 일으키기 위해 고객사를 만들어야 하는 경우이다. 이런 경우 지인 중에 상대방이 먼저 요청하지 않는 경우를 제외하고는 절대 무리해서 영업하지 않는다. 지인 중에 나를 좋게 생각하여 영업기회를 제공하거나 매출을 일으켜 주는 경우가 있다. 정말 고마운 지인들이다. 괜히 연결시켜 줘서 욕을 먹지 않도록 각별히 신경 써서 일을 진행한다. 그런 경우를 제외하고는 무리해서 지인들에게 요청하지 않는다.

다행히 나의 사업이 그런 부탁을 하지 않아도 될 수준을 넘어서 정말 다행이라고 생각한다. 괜히 거래를 요청해서 결과가 좋지 않아 서로 어색해지거나 불편해지는 상황을 피하고 싶은 것이다.

반대로 지인인데 나에게 거래를 요청하는 경우이다. 솔직하게 참 어렵다. 도움을 주고 싶지만 기존에 잘하는 거래처도 있고 결과가 안 좋으면 뭐라 말하기도 애매하다. 가격을 낮추고 싶지만 돈을 내는 내 쪽에서 눈치를 보게 된다. 모르는 사람에게 맡기면 불만 사항에 대해 말도 편하게 할 수 있는데 지인하고 거래하면 솔직히 여러 가지로 불편하다.

나의 방법은 지인이 거래를 요청하면 가벼운 거래를 시작해 보고 적절한 비용으로 전문성 있게 일을 잘 진행한다고 판단되면 꾸준하게 거래하는 것이다. 지금 지속적으로 거래하는 회계사 사무실과 물품구매업체는 대학원 선후배 사이이다. 전문적으로 일을 잘 해 주고 의리도 있어서 좋은 관계를 유지하면서도 큰 도움을 받고 있다. 얼마 전 코로나 때문에 매우 어려워진 나의 상황을 인지한 회계사 사무실에서 매월 지급하는 회계비용을 할인해 줘서 큰 힘이 된 적이 있다.

지금 거래하는 수많은 고객사 중에 이 일을 시작하기 전부터 알고 지내던 사람은 단 한 명도 없다. 다행히 인맥에 의지하며 비즈니스를 하지 않고 있는 것이다. 어떻게 보면 아예 모르는 사람과 아무런 이해관계 없이 협상하는 것이 훨씬 수월할 수 있다.

관계가 협상의 모든 것을 해결해 주지 않는다. 맡은 분야에서 최고의 전문성을 유지하여 사람들이 당신과 일하고 싶다는 생각이 들게만 할 수 있다면 협상에서 무조건 유리해진다. 누군가를 절대적으로 의지하지 않으며 사람들이 당신을 의지하도록 만들어라. 인생이라는 협상의 장에서 당신은 영원한 승리자가 될 것이다.

인맥의 정의를 새롭게 적어보자.

"인맥은 내가 누군가를 얼마나 많이 아는 것이 아니라, 사람들이 나를 얼마나 인정해 주는 것이냐이다."

PART 4

자원과 정보를 수집하여 최대한 확률을 높이는 협상술 _정보의 비법

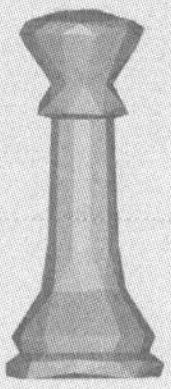

28

싸우지 않고 이길 수 있는 방법

"지피지기 백전불태(知彼知己 百戰不殆)"

〈손자병법〉에 나오는 가장 유명한 말이다. '상대를 알고 나를 알면 백 번 싸워 위태롭지 않다.' 〈손자병법〉은 걸프전 중에 미국 장교들의 필독서로 알려졌을 정도이고 오늘에도 통용되는 최고의 전쟁 비법서이다. 개인적으로 너무나 좋아하는 책이다. 사업하면서 전략을 세우고 협상할 때 큰 도움이 된다.

〈손자병법〉에서 강조하는 최고의 승리는 '싸우지 않고 이기는 것'이다. 싸우지 않고 이기기 위해서는 정보가 있어야 한다. 쉽게 얻을 수 있는 중요 정보들을 무시한 채 오직 감(感)만을 의지하여 협상에 임하면 낭패를 보기 쉽기 때문이다.

쉬운 예로 당신이 아파트를 팔려고 한다. 사실은 대출 상환을 제대로 하지 못해서 은행으로부터 압류 수순을 밟겠다는 압박을 받고 있다. 그래서 적절한 매수자가 나타나면 그 아파트를 매도해도 좋다고 하는 말을 은행으로부터 들은 상태이다. 물론 이 경우 매도를 한 뒤 대출금은 은행에 지불해야 한다.

다행히 매수를 하고 싶어 하는 사람이 나타나 당신과 협상을 한다고 할 때, 지금 당신이 재정적으로 많은 어려움에 처해 있어서 반드시 매각하고 싶다는 의사를 상대방에게 비치면 어떻게 될까?

아마도 매수자는 당신의 위급성을 이용하여 대폭적인 가격인하를 요구할 수도 있을 것이다. 당신은 지금 당장이라도 팔아치워서 현금을 만들어야 하는 상황이기에 상대방의 좋은 먹잇감이 될 수도 있을 것이다. 결국, 협상은 정보를 가지고 있는 쪽이 훨씬 유리해질 수밖에 없다.

반대로 매수자가 그 아파트를 마음에 들어서 크게 돈 생각하지 않고 어떻게 해서든지 사고 싶다는 정보를 당신이 갖고 있다면 어떻게 될까? 이 경우에는 매도자인 당신이 유리하게 협상을 이끌어 갈 수 있다.

결국 상대방의 정보를 가지고 있는 쪽이 협상에서는 무조건 유리하기 때문에 자신의 정보를 쉽게 말해서는 안 된다. 계속 강조하겠지만 결국 협상에서는 철저히 듣는 입장이 될 필요가 있다. 상대방이 실수로 흘린 상대방의 불리한 조건이 당신에게는 유리한 조건이 되기 때문이다. 당신의 불리한 정보는 숨기고 상대방의 불리한 정보를 확보하는 것이 중요한 협상 포인트인 것이다.

고객과의 면담을 통해 정보를 파악하려 할 때 중요한 것이 '5W1H 기법'을 사용하는 것이다. 질문과 경청을 통하여 상대방의 정보를 얻도록 노력하자. 실제 경험 많은 비즈니스맨이나 높은 직위에 있는 사람들이 오히려 말을 너무 많이 해서 실패하는 경우가 있다. 이 이야기는 저자인 나 자신에게 하는 말로 나이 먹으면서 면담자리에서 말이 많아지는 나 자신을 느끼곤 한다.

고객의 정보를 파악하기 위한 5W1H 기법

- **Who**

누가 구매 결정권을 갖고 있는가? 가능한 한 빨리 결정권자를 찾아내어 가능한 한 그 사람에게 영향을 줄 수 있는 제안을 한다.

- **What**

현재 사용 중인 제품은 무엇인가? 현재 상황을 우선 파악하는 것이 향후 모든 비즈니스 활동의 기본이 된다. 정확한 현황 파악이 필요하며 앞으로 어떻게 하고자 하는지에 대해 정보를 획득할 필요가 있다.

- **When**

만약 상대방이 거래의사 있다면 언제쯤이 될 것인지? 그리고 현재 고객이 사용 중인 제품은 언제쯤 구입한 것인지? 오래 되었다면 당연히 새로운 것이 필요하기 때문이다.

• Where

제품을 사용하는 장소는 어디인가? 납품처는 어디인가?

• Why

왜 지금 나를 만나 상담을 하고 있는가? 상대방의 원하는 목표는 무엇인가? 왜 제품을 교체하려 하는가? 여기에 따라 판매 전략을 세워 접근할 필요가 있다.

• How

만약 신규로 구매한다면 어떤 절차가 필요할 것인가? 지불방법은 어떻게 되는가? 기타 계약에 관련한 조건들은 어떤 것들이 있는가?

29

먼저 제안할 것인가? 먼저 제안하게 할 것인가?

우선 협상에서 정말 중요하게 다뤄지는 용어가 있는데 앵커링 효과(Anchoring Effect)를 이해할 필요가 있다. 배가 닻(anchor)을 내리면 닻과 배를 연결한 밧줄의 범위 내에서만 움직일 수 있듯이 처음에 인상적이었던 숫자나 사물이 기준점이 되어 그 후의 판단에 왜곡 혹은 편파적인 영향을 미치는 현상이다.

닻내림 효과 또는 정박 효과라고도 한다. 쉽게 말해서 누구든지 첫 번째 제시된 가격이나 조건이 배의 정박 효과를 내어 협상 결과가 크게 벗어나지 않는다는 것이다.

심리학자이자 행동 경제학의 창시자인 대니얼 카너먼(Daniel Kahneman)과 심리학자 아모스 트버스키(Amos Tversky)가 실험을 통해 증명하였다. 실험참가자들은 1부터 100까지 있는 행운의 바퀴를 돌려서 나온 숫자가 '유엔에 가입한 국가 중 아프리카 국가의 비율'보다 많은지 적은지 추측해 보라는 다소 생소한 질문을 받았다.

예를 들어, 숫자 30이 나왔다면 아프리카 국가의 비율이 30보다 많은지 적은지 추측해 보는 식이었다. 실험참가자들은 대부분 행운의 바퀴를 돌려 우연히 얻은 숫자와 비슷한 수치로 질문에 답을 했다. 가령, 행운의 바퀴가 30을 가리키면 아프리카 국가의 비율을 20~40 사이로, 80을 가리키면 70~90 사이라고 응답했던 것이다. 이 수치는 실제 아프리카 국가의 비율과는 전혀 상관이 없고, 참가자들은 우연히 얻은 숫자에 영향을 받아 답했을 뿐이다.

앵커링 효과는 쇼핑, 비즈니스 상황, 주식거래, 학생평가 상황 등에 이르기까지 매우 광범위하게 일어나는 현상이다. 대형마트는 품목별로 다양하게 30%, 50% 등의 할인을 해 주고 1 + 1 행사와 '덤 증정' 같은 이벤트를 계속 진행한다. 기존 가격을 아는 상태에서 할인된 가격으로 물건을 구입하면 구매자는 합리적인 소비를 했다고 생각하기 쉽기 때문에 이와 같은 방법으로 소비를 부추기는 것이다.

그렇기 때문에 비즈니스 파트너와 협상을 할 때도 먼저 가격 제시를 하는 사람에게 유리한 방향으로 조율될 가능성이 높다. 먼저 제시한 협상 가격이 일반적으로 최초 기준이 되기 때문에 일부러 더 높은 가격을 불러서 상황을 유리하게 진행하려는 것이다. 상대방은 손해 보지 않는 장사를 하려고 높게 책정된 가격을 깎아서 비즈니스를 진행하게 된다.

우리는 일상생활에서 앵커링 효과를 아주 흔하게 경험할 수 있다. 당신이 노트북을 장만하기 위해 전자제품매장에 들렀다고 해 보자. 매장 직원은 당신이 예상했던 것보다 높은 가격의 제품을 보여준다. 가격이 좀 나가지만 성능도 좋고 오래 쓸 수 있다는 설명도 덧붙인다. 부담스러운 가격 때문에 고민하는 당신에게 직원은 목소리를 죽이고 비밀스럽게 속삭인다.

"마침 딱 하나 남은 행사 제품이 있는데요……."

매장 직원이 두 번째 보여준 제품은 이전 제품보다 성능이 크게 떨어지지 않으면서도 가격은 더 저렴했다. 여전히 부담스러운 가격임에도 불구하고 당신은 그 제품을 덥석 구입해 버리고 만다. 이는 직원이 처음 보여주었던 제품 가격이 기준이 되어, 이후에 보여준 제품이 상대적으로 저렴하게 느껴졌기 때문이다. 매장 직원의 준비된 전략이라고 볼 수 있다.

또 다른 생활 속의 작은 앵커링 효과가 있다. 샌드위치를 파는 작은 가게에 직원 두 명이 있는데, 한 직원의 매출이 다른 직원에 비해 항상 높게 나타났다. 고객들은 무작위로 직원을 선택해서 주문을 받는 시스템이어서 원인을 조사해 보았다.

한 직원은 주문 시 고객에게 "베이컨을 원하시나요?"라고 물었다. 반면 다른 직원은 "베이컨을 1개 넣을까요, 아니면 2개 넣을까요?"라고 물었다. 이때 고객 중 70%는 "1개만요."또는 "2개요."라고 대답했고, 나머지 30% 고객만 "베이컨은 없어도 돼요."라고 답한 것으로 나타났다.

자연스레 두 번째 직원의 매출이 첫 번째 직원보다 많은 것으로 나타났는데, 이것이 앵커링 효과의 응용이라고 할 수 있다. 두 번째 직원의 방법은 고객이 결정하기 전에 이미 고객의 마음속에 베이컨을 심어둔 것이다.

여기까지 앵커링 효과를 학습했다. 그렇다면 협상할 때 가장 크게 고민되는 부분이 있다. 먼저 제안할 것인가? 먼저 제안하게 할 것인가?

다른 말로 표현해 보자. 닻을 내가 먼저 내릴 것인가? 상대방이 먼저 내리게 할 것인가? 대부분은 상대방이 먼저 닻을 내리게 하면 유리할 것이라 생각한다. 결론부터 말하자면 경우에 따라 다르다.

중요한 원칙 한 가지를 공개할 테니 꼭 기억하고 적용하길 바란다.

상대방의 제안을 먼저 듣게 되었을 때 위험은 무엇일까? 협상에서 상대방의 첫 제안이 앵커링 효과를 나타나게 되어 상대방이 기준점을 선점하여 협상 내내 영향을 미치는 경우가 많다. 주도권을 뺏길 수 있는 것이다.

노스크라프트 교수와 니일 교수는 부동산 중개인들을 대상으로 매물로 나온 부동산 감정 가격 및 적절한 매도 가격을 평가하게 하는 실험을 실시했다. 그 결과 건물주에게 높은 매도 희망 가격을 제시받은 중개인일수록 부동산 감정 가격 및 적절한 매도 가격을 더 높게 평가하는 경향이 있었다. 부동산 거래를 전문적으로 하는 중개인들조차 상대방에게 제시 받은 가격 기준점에 상당한 영향을 받는다는 것이다.

반대로 제안을 먼저 하게 될 경우의 위험은 무엇일까? 쉽게 말해서 시세보다 낮은 금액으로 제시하여 손해를 볼 수도 있는 것이다.

그래서 내가 말하고 싶은 결론은, 협상 현안에 대한 정보가 많을 때는 먼저 제안하는 것이 유리하고, 협상 현안에 대한 정보가 부족할 때는 상대방이 먼저 제안하게 하는 것이 유리하다.

연봉 협상의 예를 들어보자. 내가 원했던 회사의 입사가 거의 결정되고 연봉 협상만 남은 상황이다. 당신은 해당 회사의 평균 연봉, 전임자가 받았던 연봉, 전임자의 능력 수준, 해당 포지션의 회사 내 중요도, 포지션 채용의 긴급성, 연봉 협상 담당자의 성향 등의 정보를 확보할 수 있다면 연봉을 먼저 제시하는 것이 유리하다. 예상되는 연봉보다 50%를 올려 달라면 터무니없는 조건 때문에 인사담당자가 기분이 나쁜 나머지 협상이 결렬될 수도 있다. 예상되는 연봉보다 10~25% 정도 높게 부른다면 시급성에 따라 충분히 받아들일 수도 있다. 하지만 중요한 정보들에 대한 접근이 어렵고 정보가 너무나 제한적이라면 상대방의 제안을 먼저 들어본 이후 협상을 이어가는 것이 맞을 것이다. 너무 터무니없는 제안을 하여 상대방을 불쾌하게 하거나 너무 낮은 제안을 하여 손해를 볼 수 있기 때문이다.

개인적으로 예전 입사 전 연봉 협상에 대한 기억이 난다. 솔직하게 입사 조건 자체가 좋은 편이었지만 사전 정보를 가지고 예상되는 연봉보다 1,000만 원 정도를 높게 불렀다. 인사 담당자는 조금 당황스러워했고 해당 포지션에 정해진 기준이 있기 때문에 불가능하다는 것이다. 결과적으로 연봉은 예상되는 금액과 동일했다. 다행히 처음 제시한 연봉 금액의 앵커링 효과 덕분이었는지 별도로 입사 보너스 차원에서 500만 원을 선지급해 주겠다는 조건을 받았다. 기본적인 연봉기준을 깨지 않으면서 채용예정자에게 어느 정도의 만족감을 주는 괜찮은 협상 결과였다고 생각한다. 지금 생각해 보면 당시 힘든 시기였는데 500만 원이라는 돈이 정말 큰 도움이 되었던 것 같다.

나는 먼저 제안하는 것을 더 선호한다. 협상은 주도권이라는 논리에서이다. 주도권을 갖는 쪽에 상대방은 좀 더 많은 신뢰감을 보낸다. 자신감 있어 보여 의지할 수 있기 때문이다. 물론 사전에 충분한 정보를 갖는 것이 중요하다.

항상 상대방이 먼저 제시해 주길 바라지 말라. 가끔은 자신감을 가지고 확실한 정보를 바탕으로 먼저 제안해 보길 바란다. 앵커링 효과 덕분에 상황이 유리해진다.

30

상대방의 보이지 않는 욕구에 집중하는 방법

더운 여름 오후 한 손님이 가게에 들러서 시원한 콜라를 사려고 하는데 냉장고에 콜라가 없다.

손님: 콜라 없어요?

주인: 네, 콜라 다 떨어졌나 보네요.

손님은 그냥 나가 버린다. 직원은 그냥 손님이 언급한 콜라, 즉 요구만 단순하게 생각했던 것이다. 이번에는 손님의 욕구를 알아차린 직원의 답이다.

손님: 콜라 없어요?

직원: 오늘 더워서 콜라가 다 나갔나 보네요. 대신 시원한 사이다

가 있어요. 행사 중이라 200원 저렴하네요.

손님: 그거라도 주세요.

손님의 겉으로 보이는 요구(Demand)는 콜라였지만 손님의 근원적인 욕구(Needs)는 갈증을 해소하는 것이었다. 직원은 갈증 해소의 욕구를 이해하고 200원 저렴하다는 추가 혜택을 제시하며 사이다를 판매할 수 있었다.

은퇴를 앞둔 아버님의 요청으로 노후 생활을 위한 재무 설계를 해드리러 아버님을 찾아뵙게 된 재무 설계사 A. 아버님께서는 집안의 재무 상황을 A에게 자세히 설명해 주라고 어머님에게 말했지만 어머님께서는 남에게 재무 설계를 맡기지 않겠다고 고집한다. 당황한 아버님이 "당신이 뭘 안다고 그래. 그러니깐 우리가 아직도 이렇게 살고 있지. 이런 건 전문가한테 맡겨야 해. 빨리 통장 들고 오고 보험증서도 전부 가지고 와."라고 말한다. 순간 분위기가 싸늘해졌다. 어머님은 여전히 꿈쩍도 하지 않는 상황. 그때 재무 설계사 A가 아버님께 조심스럽게 말씀을 드린다.

"아버님! 어머님을 이해해 주셔야 합니다. 아버님처럼 평생 직장 생활하시면서 자녀 3명 전부 대학 졸업시키고, 시집·장가까지 다 보내면서도 이렇게 잘 살고 계신 건 그동안 어머님께서 악착같이 절약하시고 저축하셔서 가능했던 거예요. 아버님은 어머님께 진심으로 고마워하셔야 합니다."

그 말을 듣고 있던 어머님 눈가에 눈물이 맺힌다. 30여 년의 결혼생활 동안 이런 이야기를 단 한 번도 들어본 적이 없으셨던 어머님은 한동안 아무런 말없이 눈물을 훔치셨다. 그렇게 10여 분이 지난 후, 어머님은 궁금했던 것들을 하나씩 물어보기 시작했다.

협상의 고수들은 상대가 가진 숨은 욕구를 파악하고 이를 자극한다. 협상 테이블에서 논의되는 거래 조건들과 직접 연관되는 요구나 욕구는 아니지만, 그 이면에서 당사자들을 움직이는 인간의 본능과 맞닿아 있는 숨은 욕구는 상대를 설득할 수 있는 중요한 요인이다.

앞의 사례에서 재무 설계사 A는 어머님의 '인정받고 싶은 욕구'를 자극해 어머님의 마음을 열고 소통을 시작할 수 있었다. 그동안 어머님은 좀처럼 인정해 주지 않는 남편과 살면서 켜켜이 서러움이 쌓여왔었는데, 이를 알아차린 A가 '어머님 덕분에 이렇게 잘 살아 오실 수 있었으니 고마워하셔야 한다'고 인정해드리자 어머님의 가슴 속 깊은 곳에 자리 잡고 있던 숨은 욕구가 충족되었던 것이다.

우리는 동료들에게, 가족들에게, 친구들에게 인정받고 싶어 한다. 미국의 철학자 존 듀이(John Dewey)는 이를 '중요한 사람이 되려는 욕망'이라고 표현했다. 우리는 모두 자신이 중요한 존재라고 느끼고 싶어 하고, 끊임없이 이를 확인하고 싶어 한다.

우리는 표면적으로 제시되는 요구에만 몰입하여 대화가 잘 이어지지 않고 협상이 결렬되는 경우를 자주 보게 된다. 협상에서는 요구와 욕구를 빙산에 비유한다. 수면 위로 드러나는 빙산의 일각인 요구에 집착하기보다는 수면 아래 감춰진 실제의 욕구를 파악하여 상대를 설득하기 위한 해결책을 제시해야 한다. 그래서 협상을 하거나 설득을 하는 상황에서 내가 가장 이해하려고 노력하는 것이 바로 상대방의 욕구인데, 나는 이것을 핵심 니즈(Core Needs)라고 표현하고 싶다.

핵심 니즈는 쉽게 보이지 않는 경우가 많다. 물론 '처음부터 우리가 정말 원하는 것은 무엇이다'라고 직접 말해 주는 경우도 있는

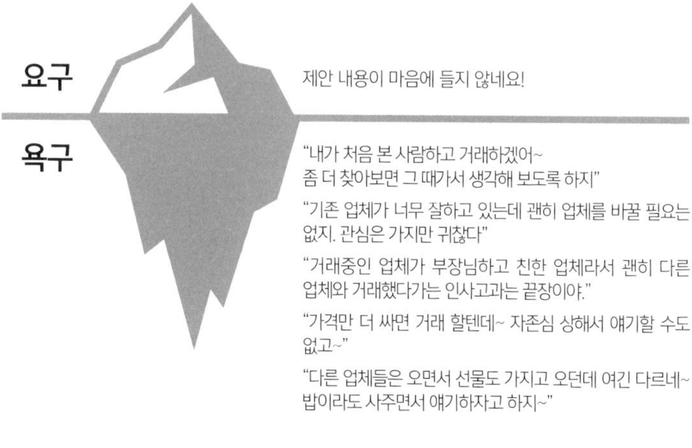

데 무척 고맙다. 계속 협상을 할 수 있을지 아닐지를 빨리 판단할 수 있기 때문이다. 상대방이 원하는 것은 저렴한 가격인데 우리가 맞출 수 없으면 해당 협상으로부터 정중하게 빠져 나오면 되는 것이다. 아무튼 핵심 니즈를 파악할 수 있다면 협상을 확실하게 유리해진다.

비즈니스 상황이나 영업상황에서 처음부터 핵심 니즈를 보여주지 않는 몇 가지 이유가 있다.

첫째는 아직 신뢰관계가 안 쌓였기 때문이다. 신뢰하지 않는 사람에게 자신의 모든 패를 보여주기는 쉽지 않다. 두 번째, 세 번째 추가적인 만남에서 실제적인 핵심 니즈를 보여주는 경우가 많다.

둘째는 핵심 니즈를 말해도 어차피 상대방이 들어주기 힘들 것이라고 판단하기 때문이다. 나의 팀장이 좋아하는 업체가 따로 있다든지, 기존 업체가 개인적으로 어려운 업무 등을 해결해 준다던지 등의 핵심 니즈를 대놓고 말하기 힘들다.

셋째가 어쩌면 가장 중요한 이유일 수 있는데, 바로 귀찮기 때문이다. 핵심 니즈 자체를 설명하여 처음부터 협상하기도 귀찮고 기존의 업체가 핵심 니즈에 맞춰 알아서 잘 해오는데 업체를 바꾸기도 귀찮기 때문이다. 맞다. 우리는 좋은 협상결과를 위해서 상대방의 귀찮은 감정을 뛰어넘을 정도의 인간적인 정성이 필요하다.

그러면 지금부터 상대방의 숨겨진 욕구를 찾는 훈련을 해 보자. 자동차를 구입하려는 고객의 요구와 욕구이다.

고객의 요구: 나는 신형 소○타를 원한다.

1. 언급하는 욕구: 비싸지 않은 자동차를 원한다.
2. 실제 욕구: 가격이 비싸지 않을 뿐 아니라 유지비도 저렴한 자동차를 원한다.
3. 말하지 않은 욕구: 자동차 회사로부터 계속적으로 양질의 서비스를 받고 싶다.
4. 기쁘게 하는 욕구: 고급스러운 신형 블랙박스를 서비스로 받고 싶다.
5. 비밀스러운 욕구: 나중에 친구를 소개해주면 좋은 선물을 받고 싶다.

함께 작성해 봅시다.

당신의 고객의 요구 : ______________________

1. 언급하는 욕구 : ______________________
2. 실제 욕구 : ______________________
3. 말하지 않은 욕구 : ______________________
4. 기쁘게 하는 욕구 : ______________________
5. 비밀스러운 욕구 : ______________________

협상에서 자주 언급되는 유명한 일화 한 가지만 더 소개한다.

괴짜 물리학자로 불리는 리처드 파인만 교수에 대한 이야기다. 천성적으로 귀찮은 것을 죽기보다 싫어했던 그가 1965년 노벨상 수상자로 선정되었을 때의 일이다. "노벨상을 받기 위해 스웨덴까지 왔다 갔다 해야 한다고? 나는 수상식에 참석하지 않겠소." 노벨상위원회는 당황했다. '아니 노벨상을 거부하다니…….' 그를 설득하기 위해 각종 협상 논리가 동원됐지만 실패하고 말았다. 노벨상이 얼마나 영예로운 상인지, 수상식에 참석하는 것이 얼마나 멋진 경험이 될 것인지도 그의 마음을 움직이지 못했다. 뜻밖에도 그를 수상대 위에 세운 것은 그의 부인이었다.

"좋아요. 가기 싫으면 가지 마세요. 그런데 이 점은 생각해 보세요. 만약 당신이 가지 않으면 당신은 노벨상을 거부한 '세계 최초'의 수상자가 될 거예요. 그렇게 되면 수많은 기자들이 당신에게 관심을 갖고 취재하려 하겠죠. 적어도 1~2주는 기자들 상대하느라 엄청나게 귀찮을 거예요."

그의 부인은 남편의 욕구를 정확하게 짚어냈다.

상대방이 정말 중요하게 생각하는 욕구, 즉 핵심 니즈를 파악하기 위해 노력하자. 협상도 빠르게 진행될 수 있을 뿐만 아니라 좀 더 긍정적인 결과를 얻을 수 있다.

31

상대방의 성격 유형을 파악하는 방법

오래 전 다음과 같은 제목의 기사가 사람들의 이목을 집중시켰다.

'O형 외향적, A형 논리적, B형 감성적…. 〈○○뉴스〉'

'국내 연구진 논문발표, "소심한 A형 맞는 말" 〈○○일보〉'

혈액형과 성격의 관계가 과학적(심리학 참조)으로 입증된 것처럼 보이는 이 기사는 놀랍게도 연세대학교 대학원의 교수와 연구원이 한국심리학회지 가을호에 게재한 논문 「혈액형 유형학 연구에 대한 개관」에 근거하고 있었다.

심리학자가 혈액형과 성격의 관계를 입증했다는 논문을 썼다니! 그동안 수많은 심리학자들이 혈액형 유형학을 반대해왔기 때문에 이는 매우 놀라운 일이었다. 그런데 기사를 읽어보니 일종의 오보임을 알 수 있었다. 연구자들은 혈액형과 성격을 직접 조사한 것이 아니라, 국내의 여러 분야에서 발표된 관련 논문 50여 건을 검토했던 것이다.

여전히 성격 유형을 파악하는 데 혈액형을 많이 언급한다.

자장면 집에서 각기 다른 혈액형을 가진 친구 4명이 점심을 같이했다. 그런데 갑자기,

AB형 친구는 음식을 먹다말고 나가버렸다. (음식이 맛이 없어 짜증나서)

그러자 O형 친구가 따라 나갔다. (왜 나갔는지 궁금해서)

그런데 B형 친구는 아무렇지 않게 음식을 먹는다. (주위는 신경 안 쓰고 자신의 일만 한다)

그러나 A형 친구는 마음이 불안해 음식을 먹다 중지한다. (나 때문에 그런가 걱정한다)

나는 혈액형과 성격의 연관성을 믿지 않는다. 가장 큰 이유는 내가 AB형이라서 그렇다. AB형은 대체로 가장 안 좋은 성격으로 그려진다. '까칠하고 자기중심적이며 천재 아니면 바보.' 난 내 성격이 그런대로 좋다. 하지만 내 아내도 AB형인데 아내를 보면 믿어

도 될 것 같긴 하다.

성향 분석에 가장 일반적으로 쓰이는 진단은 DISC 분석이다. 인간을 4가지 유형으로 나누는데, 여전히 설득력이 있고 나 역시도 상대방의 성향을 이해하는 기준으로 사용한다. 우선 간단하게 당신의 성향을 알아보자.

다음의 표에서 번호별로 A, B, C, D의 4가지 단어 중 가장 자신에게 어울리는 한 가지에 동그라미를 쳐보자.

순위	A	B	C	D
1	절제하는	강력한	꼼꼼한	표현력 있는
2	개척적인	정확한	흥미진진한	만족스러운
3	기꺼이 하는	활기 있는	대담한	정교한
4	논쟁을 좋아하는	회의적인	주저하는	예측할 수 없는
5	공손한	사교적인	참을성 있는	무서움을 모르는
6	설득력 있는	독립심이 강한	논리적인	온화한
7	신중한	차분한	과단성 있는	파티를 좋아하는
8	인기 있는	고집 있는	완벽주의자	인심좋은
9	변화가 많은	수줍음을 타는	느긋한	완고한
10	체계적인	낙관적인	의지가 강한	친절한
11	엄격한	겸손한	상냥한	말주변이 좋은
12	호의적인	빈틈없는	놀기 좋아하는	의지가 강함
13	참신한	모험적인	절제된	신중한

14	참는	성실한	공격적인	매력 있는
15	열정적인	분석적인	동정심이 많은	단호한
16	지도력 있는	충동적인	느린	비판적인
17	일관성 있는	영향력 있는	생기 있는	느긋한
18	유력한	친절한	독립적인	정돈된
19	이상주의적인	평판이 좋은	쾌활한	솔직한
20	참을성 없는	진지한	미루는	감성적인
21	경쟁심이 있는	자발적인	충성스러운	사려 깊은
22	희생적인	이해심 많은	설득력 있는	용기 있는
23	의존적인	변덕스러운	정제력 있는	밀어붙 이는
24	포용력 있는	전통적인	사람을 부추기는	이끌어가는

각각의 번호에서 선택한 단어의 알파벳에 동그라미를 쳐 주세요.

DISC : 점수 집계표

순위	D	I	S	C
1	B	D	A	C
2	A	C	D	B
3	C	B	A	D
4	A	D	C	B
5	D	B	C	A
6	B	A	D	C
7	C	D	B	A
8	B	A	D	C
9	D	A	C	B

10	C	B	D	A
11	A	D	C	B
12	D	C	A	B
13	B	A	D	C
14	C	D	B	A
15	D	A	C	B
16	A	B	C	D
17	B	C	D	A
18	C	A	B	D
19	D	B	C	A
20	A	D	C	B
21	A	B	C	D
22	D	C	B	A
23	D	B	A	C
24	D	C	A	B
계	(　　)개	(　　)개	(　　)개	(　　)개

제일 높은 점수를 차지한 두 가지 스타일은? 1.__________ 2.__________

주도형(D) **장점-일반적 성향**

- 즉시 성과를 올린다.
- 신속한 결정을 내린다.
- 포기하지 않는다.
- 책임을 떠맡는다.
- 자신감이 있다.
- 도전을 받아들인다.
- 열심히 일한다.
- 문제를 피하지 않고 해결하려고 한다.

주도형(D) **약점-일반적 성향**

- 조급하다.
- 다른 사람에 대해 무관심하다.
- 위험 부담과 경고를 간과한다.
- 융통성이 없고 고집이 세다.
- 지나치게 많은 일을 떠맡는다.
- 세부 사항을 무시한다.
- 제안 받는 것을 참지 못한다.
- 다른 사람들에게 너무 많은 요구를 한다.

사교형(I)	장점-일반적 성향	사교형(I)	약점-일반적 성향
	- 낙관적이다. - 표현력이 좋다. - 즐거운 분위기를 만든다. - 좋은 인상을 준다. - 인간적인다. - 다른 사람들에게 설득을 잘한다. - 외향적이고 사람들을 잘 사귄다. - 열정적이다.		- 일의 끝마무리가 부족하다. - 너무 말을 많이 한다. - 충동적으로 행동한다. - 급하게 결론을 내린다. - 무리하게 약속을 한다. - 교묘한 말로 설득한다. - 능력에 대한 평가를 과대하게 한다. - 결과에 대해 지나치게 낙관적이다.

안정형(S)	장점-일반적 성향	안정형(S)	약점-일반적 성향
	- 협조적이다. - 쉽게 동의한다. - 충성스럽다. - 남을 잘 섬긴다. - 꾸준하다. - 작업 수행이 안정되어 있다. - 대인 관계가 원만하다. - 다른 사람의 의견을 잘 들어준다.		- 급격한 변화를 꺼린다. - 지나치게 관대하다. - 일을 미룬다. - 우유부단하다. - 갈등을 회피하다. - 감정을 잘 표현하지 않는다. - 피동적이다. - 정해진 기간에 일을 마치기 어렵다.

신중형(C)	장점-일반적 성향	신중형(C)	약점-일반적 성향
	- 정리 정돈을 잘한다. - 유능하다. - 자기 훈련을 잘한다. - 정확하다. - 철저하다. - 외교적 수완이 있다. - 분석적이다. - 높은 기준을 가지고 있다.		- 지나치게 조심스럽다. - 세부적인 일에 얽매인다. - 일하는 방법에 융통성이 없다. - 비판하기를 좋아한다. - 자발성이 약하다. - 의심이 많다. - 비판에 예민하게 반응한다. - 비관적이다.

32

내부 결정권자와 영향력의 관계를 파악하는 방법

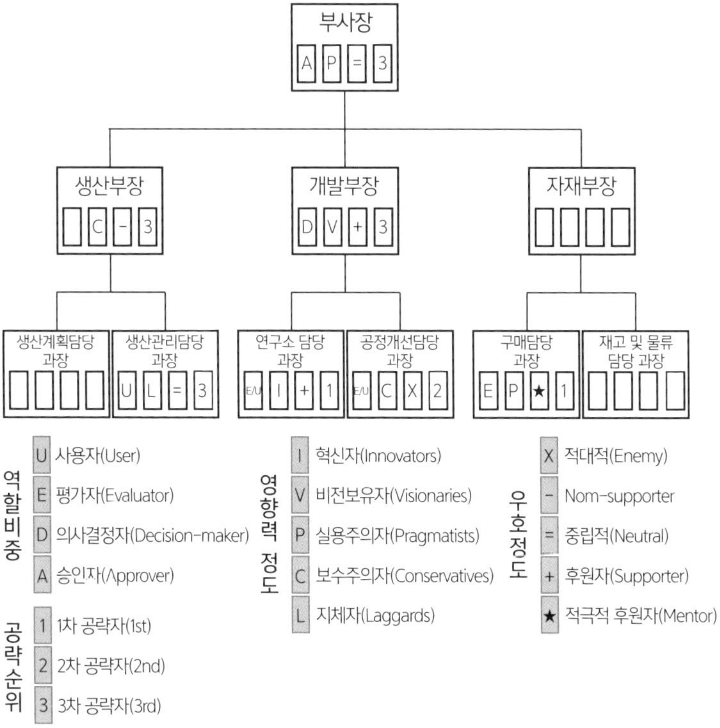

내부 결정권자와 영향력의 관계를 잘 이해하고 협상에 접근해야 한다. 만약 협상결과에 어떠한 영향을 미치지 않는 담당자와 협상을 하는 것은 시간낭비에 불과하기 때문이다. 나 역시도 내부의 영향력의 상관관계를 이해하려고 노력한다.

역할비중은 협상 현안과 관련된 역할이다.

- U 사용자: 협상 현안에 대한 실제적인 사용자를 말한다. 예를 들면, IT 관련 신규 프로그램이라면 그 프로그램을 사용하는 사람을 말한다.
- E 평가자: IT 신규 프로그램이라면 그 프로그램에 대해 평가를 하는 사람을 말한다. 실제 의사결정에 큰 영향을 미친다.
- D 의사결정자: 실제 최종 결정권한을 가진 사람이다. 가장 중요한 사람이긴 하지만 의사결정에 가장 큰 영향을 미치는 평가자에 의해 의사결정을 할 가능성이 높다. 예전처럼 업체 선정 시 찍어누르기식 의사결정은 많이 줄어들었다.
- A 승인자: 최종 의사결정에 대해 승인을 하는 사람이다. 큰 현안이 아니라면 의사결정에 큰 영향력을 행사하지 않는 경우가 많다. 결정에 대해 큰 문제가 없는지만 승인하는 역할을 한다. 예를 들면, 다른 현안들과 우선순위를 비교한다든지, 예산에 문제가 없는지 등을 확인하여 최종 승인한다.

영향력 정도는 영향력을 발휘하는 스타일로 이해하면 된다.

- I 혁신자: 새로운 것들을 수용하는 스타일이다. 해당 건에 대해 신선하고 새로운 제안을 한다면 적극적으로 받아들일 가능성이 높다. 결정도 빠른 편이다.
- V 비전보유자: 이상적인 성향의 사람이다. 협상과 설득에 상대적으로 시간이 많이 필요할 가능성이 높다. 가끔은 맞는 이야기들을 늘어놓지만 너무 뜬 구름 잡는 이야기나 실현가능성이 떨어지는 제안으로 에너지가 많이 소요되기도 한다.
- P 실용주의자: 개인적으로 선호하는 스타일이다. 가격과 품질 자체를 중요하게 생각한다. 결정도 상대적으로 빠르고 실제 도움이 되고 효과가 되는지를 보고 판단한다. 협상 공략 대상이다.
- C 보수주의자: 잘 바꾸지 않는다. 기존의 협력업체, 기존의 제품이나 프로그램, 기존의 사람을 유지하려고 한다. 기존의 협력사 입장에서는 너무나 좋은 협상 담당자이지만 신규로 들어가려는 협력사는 너무나 어려운 상대이다. 새로운 아이디어나 제품 등에 큰 관심이 없다. 그냥 지금처럼 크게 변화하지 않고 편하게 유지하는 것을 선호하는 유형의 담당자이다. 그냥 담당자가 바뀌기를 기다리면서 다른 곳에 집중하는 것도 좋은 협상 전략이다.
- L 지체자: 그냥 피하는 것이 좋다. 그냥 우유부단한 스타일이

다. 책임지기 싫기 때문에 결정을 잘하지 않는다. 그냥 위로부터 '내가 책임질 테니 그냥 하세요'라는 말을 기다리는 사람이다. 대체로 시간이 많이 남아돌아 사람들과 시간때우기식 대화를 즐길 가능성이 높다. 대화 자체를 좋아하기 때문에 그냥 나에게 잘 해 주는 것처럼 보이지만 결실은 없다. 가끔은 상사를 설득할 수 있는 최고의 제안서를 가져다 달라고 하지만 상사는 '지체자'의 의견을 신뢰하지 않는다.

우호 정도는 협상 상대자로서 나에게 얼마나 호감을 가지고 있는지를 이야기한다.

- X 적대적: 협상 상대자로 부적합하다. 어떤 이유에서인지 몰라도 나를 싫어한다.
- – Non-supporter: 마찬가지로 협상 상대자로 부적합하다. 나를 싫어하다기보다는 기존에 선호하는 다른 협상 상대자가 있을 가능성이 높다. 설득하여 내가 원하는 방향으로 움직이기 어려울뿐더러 오래 걸린다. 지속적인 접촉을 통하여 우호도를 높여야 한다. 오랫동안 해당 업무에 담당자로 있는 사람들은 최초 방문하는 나에게는 대부분 Non-supporter이다.
- = 중립적: 공략대상이다. 접촉하는 협상대상자가 없는 경우도 있고 그냥 성향 자체가 사람보다는 상황 자체를 보고 객관적으로 판단하는 성향일 수도 있다. 어느 쪽이 되었던지 협상

대상으로 공략할 만하다.

- \+ 후원자: 나에게 우호적이기 때문에 적극적으로 공략할 필요가 있다. 기존에 거래가 있으며 성공적인 수행에 따라 어느 정도의 신뢰도를 유지하고 있을 가능성이 높다.
- ★ 적극적 지원자: 기존에 거래가 자주 있었으며 꾸준하게 결과가 좋았을 가능성이 높다. 개인적으로도 어느 정도의 친분을 유지하기 때문에 적극적으로 지원해 준다. 하지만 한 곳만 거래하고 있다는 내부적인 불편한 시선이 있을 수 있다. 친분을 통한 심한 압박감을 주는 것은 피해야 한다.

이와 같은 정보를 토대로 1차 공략자, 2차 공략자, 3차 공략자를 선정하여 협상 전략을 수립하면 된다. 훌륭한 협상가가 되기 위해서는 상대방의 내부 영향력의 관계를 보려는 노력을 해야 한다. 결정권이 없거나 결정에 영향을 못 미치는 사람과는 협상을 해 봐야 소용없다. 시간과 노력을 낭비하는 꼴이다. 상대방의 결정권과 영향력을 파악하라.

거듭 강조하지만, 결정 권한이 없는 상대방과는 협상할 필요가 없다. 당신은 상대방과 어렵게 협상을 수행하여 종료해야 하는데, 상대방이 자신의 결정권한이 절대적이지 않다는 이유로 본부나 상사의 승인을 받아야 함을 추가로 제안할 수 있다. 많은 경우 당신이 합의한 내용은 상대방 측에서 이익이 되도록 또 다시 수정될 가능성이 높다. 따라서 상대방과 당신의 결정 수준은 대등해야 좋은 협상이 될 수 있다. 만일 상대방이 최종 합의 전에 상사나 본부의 승인이 필요하다고 한다면, 당신도 똑같이 해야 한다고 맞대응할 필요가 있다.

33

시간 우위를 통하여 상황을 장악하라

급하게 부동산을 팔아야 하는 상황이라면 급매라는 표현을 쓰며 싼 가격에 내놓는다. 해당 부동산을 빨리 처분하지 못하면 다른 큰 문제가 생길 수 있기에 싸게라도 파는 것이다. 시간이 촉박하면 불리해지는 것이다. 시간에 쫓기는 사람에게는 협상만 잘한다면 제시된 가격보다 더 싸게도 구입할 수 있다. 결국 시간에 대한 정보는 협상을 유리하게 만든다.

당연히 시간적 여유가 있는 사람이 유리하다. 시간이 없으면 조급해지기 때문에 상대적으로 불리한 선택을 할 가능성이 높다. 협상을 유리하게 만들기 위해서 우리는 상대방의 시간에 대한 정보를 얻도록 노력해야 한다. 혹시나 상대방이 급하다는 정보를 얻을 수만 있다면 협상의 주도권을 잡을 수 있다.

반대로 시간적인 압박은 판단력을 흐리게 만들어 좋은 결정에서 멀어지게도 한다. 그래서 영화배우 현빈과 손예진이 출연했던 '협상'이라는 영화를 보면 '남은 시간은 12시간'이라는 설정으로 협상이 진행된다. 실제 시간적 제약은 상대방을 압박하는 강력한 수단이다.

고등학생 때로 돌아가 보자. 급하게 용돈 3만 원이 필요하다. 아버지에게 언제 말해야 유리할까? 아버지가 하루 종일 일하고 스트레스 가득한 표정으로 집에 왔다.

아들: 아버지, 용돈 3만원만 주실래요.

아버지: 뭐라고? 용돈 3만원? 그래 너 잘 됐다. 너 여기 앉아 봐. 공부도 못하는 놈이 용돈 3만 원이 왜 필요한지 말해 봐.

용돈 3만 원은커녕 아버지의 지루한 훈육 3시간은 들어야 하는 상황이 벌어질 것이다.

그렇다면 어느 시점이 용돈을 받을 가장 좋은 타이밍일까? 맞다. 바로 아버지가 바쁘게 출근을 해야 하는 바로 긴박한 아침시간이다.

아들: 아버지, 정말 급해서 그러는데 3만 원만 주실래요.

아버지: 너는 바빠 죽겠는데 지금 말하면 어떡해! 여기 3만 원.

아마도 엘리베이터 타기 바쁜 아버지는 아들 손에 3만 원을 던지듯 쥐어주고는 급하게 출근할 것이다. 아버지의 시간적인 압박을 이용한 협상 전략 성공이다.

유럽 여행 계획을 잡아 놓은 직원이 장기 휴가 결제를 받는 좋은 시점은 언제일까? 팀장이 아침부터 상무로부터 매출 실적 저조로 엄청 깨지고 나왔다.

김 대리: 상무님, 휴가 계획서 결제 좀 부탁드립니다.
최 팀장: 김 대리, 지금 실적이 안 좋아서 다들 긴장하고 있는데 속 편하게 휴가 갈 생각이나 하고 있고, 정신이 있는 거야? 검토해 볼 테니 결제 서류 거기다 놓고 나가.

시점이 좋지 않다. 팀장의 기분이 썩 좋지 않는데다가 아무래도 아침은 하루 종일 긴장하며 일 할 생각에 팀장도 쉽게 마음을 열기 어려워 보인다.

그러면 언제가 좋을까? 맞다. 퇴근 전 팀장이 상무님과의 저녁 약속으로 무엇인가 들떠 있고 퇴근을 서두르고 있을 때이다. 그리고 오늘은 팀장님께 더욱 열심히 일하는 모습을 의도적으로 보였다.

김 대리: 팀장님, 휴가 계획서 결제 좀 부탁드립니다.

최 팀장: 그래, 내가 지금 좀 바쁜데……. 알았어. 결제해 줄 테니 휴가 잘 다녀와.

협상은 시간적 여유가 있는 쪽이 유리하다는 점을 이용하여 전략적으로 활용하기도 한다. 해외 바이어가 공항에 도착했다. 회사는 손님대접 차원에서 기사와 함께 차량을 보내 호텔까지 모셔다 드린다. 여기서 중요한 것이 바이어의 시간에 대한 정보이다. 기사는 이틀 뒤 오후 비행기를 타고 돌아간다는 정보를 얻을 수 있었다.

〈시간적 전략〉

첫째 날, 장시간 비행기 여행으로 지쳐 있기에 호텔에서 편하게 쉬게 한다.

둘째 날, 바이어와 협상을 하지 말고 시내 투어 등 가벼운 관광과 함께 점심, 저녁 등의 식사를 대접하며 친분을 다진다.

셋째 날, 오전에 협상을 시작한다. 오후 비행기로 떠나야 하는 바이어는 시간이 충분하지 않다. 시간적 여유가 있는 우리 입장에서는 더 유리한 결과의 협상을 진행할 가능성이 높아진다.

우리 회사도 고객사로부터 급하게 교육이나 행사를 요청 받을 때가 있다. 고객사는 시간이 없기 때문에 교육이나 행사가 날림으로 진행되지 않을까 걱정되기 마련이다. 이런 경우 예산이 크게 중요하지 않은 것이다. 긴박한 시간 내에 완벽하게 진행될 수만 있다면 고객은 지갑을 더욱 크게 연다.

상대방도 시간적인 어려움의 해결을 돈으로 보상하려는 심리가 강해진다. 이런 경우 우리 회사 역시도 좀 더 높은 견적을 제시하는 경우가 있다. 물론 오랫동안 신뢰관계를 쌓은 고객사에게 이렇게 한다면 신뢰를 잃을 것이다. 처음 시작하는 고객이나 단발성 고객에게 효과가 있다.

시간을 이용한 협상 전략 사용 시 주의할 점이 있다.

- 상대방과의 관계가 중요할 경우, 너무 자주 사용하는 것은 바람직하지 않다. 일회성 협상에 도움이 된다.
- 나의 협상시간을 숨기고 상대의 협상시간을 알아내라.
- 조급한 태도를 보이지 말고 여유를 가져라. (조급한 행동 = 협상력 약화)
- 상대방의 협상마감시간에 협상해라.
- 협상시간과 관련하여 비용이 발생할 경우, 조기타결을 조건으로 양보하라.

협상의 귀재 모택동은 협상의 목적에 대해 이렇게 서술한다.

"협상이란 시간을 벌기 위한 두 가지 측면이 있는데 하나는 (군사적, 정치적, 사회적, 경제적) 우위를 점하는 것이고, 다른 하나는 적을 소모시키고, 불안하게 하며, 적을 괴롭히기 위함이다."

34

상대방의 비언어적 정보를 캐치하는 방법

윌리엄 셰익스피어는 사람들이 말을 할 때는 두 가지 의미를 동시에 전달한다고 했다. 하나는 들리는 말을 통한 언어적 의미이고, 또 하나는 비언어적 의미의 전달이다. 비언어적 요소를 통해서 주의 깊게 살펴야 할 부분은 상대방의 감정 상태이다. 상대방의 몸이 말하는 진실들은 다음과 같은 것이 있다.

◆ 시선

대화를 할 때, 상대방의 눈을 바라본다. 눈은 많은 것들을 이야기한다. 보통 거짓을 말할 때, 눈길을 아래로 하거나 눈동자를 좌우로 움직이는 경우가 많다. 무엇인가 떳떳하지 않은 것이 있는 남편이 아내의 눈을 똑바로 쳐다보지 않는 원리이다. 사기꾼들은 실제 시선을 잘 통제한다. 거짓말을 하는데 시선이 자연스럽다. 하지만 눈을 밑으로 깔았을 때 눈을 좌우로 돌리는 경우가 많기 때문에 이 때 알아차릴 수 있다.

대화에 관심이 없거나, 진실을 이야기하지 않을 때는 무의식적으로 대화 상대자의 반대방향이나 문 쪽을 바라보는 경우도 있다.

눈은 많은 것을 말하므로 시선관리에 신경 써야 한다. 시선은 자신감이고 진실함이다. 시선처리가 불안하다고 느껴진다면 훈련을 통하여 좋아질 수 있음을 명심하자.

◆ 몸짓

손이나 팔의 동작을 유심히 살펴보면 긴장 상태에 있거나 방어적일 때 손을 무릎이나 주머니에 넣고 있거나 깍지를 낀다든지 팔짱을 끼는 경우가 많다. 부자연스러운 손동작을 보이고 있다면 다시 한번 상대방의 감정 상태를 점검해 보자. 만약 상대방이 당신의 말을 듣는 도중 얼굴을 감싸거나 만지는 행위를 반복한다면 이는 집중력이 떨어졌거나 관심이 없음을 무의식적으로 표현할 가능성이 높다.

◆ 대답 속도

진실을 말하지 않을수록 답하는 속도가 떨어진다고 볼 수 있다. 질문을 먼저 파악하고 그에 적절한 답을 만들어 내려고 의도하기 때문이다. "예", "아니오"라는 답을 한 이후에 그 이유를 대는 속도에서 진실성을 추측해 볼 수 있다. 자신이 솔직하게 말하는 경우에는 대답 이후에 바로 설명이 나올 가능성이 높다.

대부분의 진실성 있는 답변은 구체적이고 일관되어 있다. 답변이 매사에 무엇인가 허술하고 일관되지 않는 사람이 있다면 차라리 멀리하는 편이 낫다.

◆ 말과 표정의 불일치

항상 말보다는 몸의 반응이 우선한다. 화가 난 사람은 얼굴에 이미 화난 표정을 짓고 나서 분노에 찬 말을 던진다. 따라서 말과 비언어적인 요소 모두를 통하여 감정 상태가 드러날 때는 말과 행동의 일치 여부를 유심히 살펴볼 필요가 있다.

하지만 주의할 점은 비언어적인 요소들로 파악되는 정보의 일부가 사실은 아닐 수 있다는 것이다. 인식 과정에서 자신도 모르는 오류가 발생할 수도 있다. 심증이 가더라도 좀 더 확실한 질문이나 대화를 통해서 진실을 파악하려는 노력이 필요하다. 당장 진실 되어 보이지 않는다고 해서 이를 들추어내고 문제시 하는 것은 바람직하지 않다. '거짓말을 한다'라는 식의 직접적인 비난은 결국 더 나쁜 감정만을 야기하고 협상 상황을 최악으로 만들 수 있음을 잊지 말아야 한다.

35

홈 & 어웨이, 어느 협상 장소가 유리할까?

협상을 시작하기에 앞서 '협상 장소를 홈으로 할 것인가, 어웨이로 할 것인가'라는 질문을 받았다면 곧장 대답해서는 안 된다. 그 전에 협상의 성격에 대해 연구해 볼 필요가 있다.

협상 장소를 선택하는 데 있어서는 기본적으로 네 가지 선택지가 있다. 우리 쪽에서 하는 것, 적진에서 하는 것, 제3의 중립지대에서 하는 것, 그리고 서로 떨어진 장소에서 전화나 화상회의 시스템으로 하는 것 등이 그것이다. 각각의 선택지가 가지는 이점과 난점을 하나하나 검토해 본 다음, 자사의 입장에서 최선이라고 여겨지는 곳을 협상 장소로 선택하기로 하자.

◆ 홈에서 협상하기

운동선수들이 홈 그라운드의 이점을 바라는 것과 마찬가지로 대부분의 사람들이 자신의 세력권 안에서 협상하기를 원한다. 홈에서 협상을 할 경우 몇 가지 명백한 이점이 있다.

첫째, 당신은 협상 환경을 이미 숙지하고 있다. 사무실이나 화장실 위치를 비롯해 내밀한 상담에 적합한 안전 구역과 흡연 장소에 이르기까지 다 파악하고 있다. 그에 반해 상대방은 낯선 환경에서 긴장해야 할 뿐 아니라 때로는 문화적 충격까지 받게 된다. 특히 외국에서 협상이 이루어지는 경우 입에 맞지 않는 식사나 관습, 언어문제까지 감수해야 한다.

둘째, 홈 그라운드를 협상 장소로 택하면 회의실 선정이나 세팅, 협상 테이블에서의 좌석 배치, 접대나 사교행사의 내용 및 타이밍 등, 여러 가지 환경을 컨트롤하는 것도 가능하다. 홈 그라운드의 이점을 잘 아는 협상자는 대체로 이러한 권리를 이용한다.

셋째, 협상에서 호스트의 입장에 서게 되면, 평소 알고 지내던 전문가나 상사에게 조언을 구하거나 상사의 승인을 신속하게 받아내는 것도 가능해진다. 상대측에서 특수한 지불 조건을 요구하더라도 엎어지면 코 닿을 거리에 있는 회계담당 임원으로부터 곧바로 'Yes' 혹은 'No'의 대답을 받을 수 있다. 회계팀을 설득하는 경우에도 전화나 이메일보다는 직접 찾아가서 호소하는 편이 훨씬 설득력이 크다.

넷째, 홈에서 협상을 하면 여행 경비와 이동 시간을 절약할 수 있어 경제적이다. 호스트는 보통 협상에 참가하는 한편 다른 업무도 처리할 수 있지만 방문자는 그럴 수 없다. 홈에서 협상을 하면 가족이나 동료, 일상 업무에서 떨어져 있다는 부담감도 느껴지지 않는다. 적진에 머무는 시간이 길면 길수록 빨리 합의를 끝내고 홈으로 돌아가고 싶다는 마음도 강해지는 법이다. 이런 이유에서 방문자는 빨리 합의에 도달하거나 협상을 중단해야 한다는 조급증에 빠져들기 쉬워지며, 이 점은 그들에게 불리하게 작용한다.

◆ 어웨이에서 협상하기

이처럼 상대측 진지에서 협상하는 것은 일견 불이익밖에 없어 보인다. 하지만 당신이 무엇인가를 팔려는 입장에 있는 경우, 자사 제품 및 서비스에 상대방이 관심을 갖도록 만들려면 상대의 회사를 방문하는 것이 종종 유일한 방법이다. 협상 장소의 선택에는 상징적인 의미도 있다. 상대 진영을 방문함으로써 당신은 협상을 마무리 짓고자 하는 진지한 자세와 강력한 바람과 함께 상대를 설득해 계약을 성사시키는 데 귀중한 요인 중 하나를 보여주게 된다.

상대방의 세력권에서 협상하는 가장 중요한 이유는 그렇게 함으로써 학습의 기회를 얻을 수 있다는 점이다. 협상을 마무리 짓는 것은 계속적인 관계의 기초를 쌓는 것이며, 계속적인 관계는 당사자들이 서로 상대를 얼마나 잘 알고 있느냐에 따라 결정적으로 좌우된다. 비즈니스 협상에서 빠질 수 없는 목적 중 하나는, 쌍방이 상대나 상대의 사업에 대해, 또는 상대가 처해 있는 상황에 대해 정확한 정보를 얻는 것이다.

익숙하지 못한 새로운 영역에서 협상을 진행할 때는 반드시 조금 일찍 현지에 도착하도록 하자. 환경 파악에 시간이 필요하기 때문이다. 또한 당신이 방문자의 입장이더라도 당신이 주도권을 쥘 수 있는 장소(예를 들면, 투숙 중인 호텔의 회의실)를 협상 장소로 선택할 경우 호스트의 입장에 설 수 있다. 기업 간부 중에서는 협상을 위해 외국에 도착했을 때 "주요 간부들이 급한 일로 자리를 비웠으므로 2, 3일 기다려 주십시오."라는 말을 들어본 사람이 있을 것이다. 이런 사태를 피하기 위해 경험이 풍부한 협상자들은 출장계획을 호스트 측에 명확하게 전달하고 현지에서의 체재 예정 기간을 실제보다 짧게 말해두는 등의 대책을 강구한다.

협상 일정이 지연된 탓에 빨리 귀국할 수 있도록 양보를 해서라도 협상을 마무리 지어야 한다는 부담감을 강하게 느끼게 된 경우에는, 일반적으로 협상을 그 시점에서 중단하고 시간과 장소를 바꿔서 재개하기로 하는 것이 최선의 방법이다. 한편 협상이 지속적으로 이루어져야 하며, 또 관계를 구축하는 것이 중요한 고려 사항인 경우에는 쌍방의 홈 그라운드를 교차 방문하면서 협상을 진행하는 것이 좋다.

◆ 중립 지역에서 협상하기

중립적인 장소를 선택할 경우 어느 쪽에도 특별한 이점이나 불이익이 없다는 혜택이 있다. 그러나 중립지대에서는 어느 쪽이든 상대방에 대해 잘 알지 못하기 때문에 양쪽 모두에게 최악의 결과를 안겨주기도 한다.

서로 다른 나라 기업들 간의 협상이며, 거래를 추진함에 있어서 이 이상 상대에 대해 알 필요가 없고, 게다가 경비나 시간을 절약할 수 있다는 이점까지 있는 경우에는 제3국을 협상 장소로 선택하는 것이 유익할지도 모른다. 제3국에서 협상을 하는 것에는 쌍방을 일상적인 관심사에서 떨어뜨려놓음으로써 눈앞에서 진행되는 협상에만 집중하게 만드는 이점도 있다.

심각한 비즈니스 분쟁을 해결하고자 하는 경우에는 중립적인 장소야말로 대화에 가장 적합한 곳이다. 분쟁 상황에서는 어느 한 쪽의 진지에서 협상을 진행하면 방문자 측에서 압력을 느낄 수도 있고, 경우에 따라서는 감금되어 있는 듯한 느낌을 받기도 하기 때문이다.

대표적인 경우가 2018년 트럼프와 김정은의 사상 첫 북미 정상회담 장소를 미국이나 북한이 아닌 제3국으로 선정한 일이다. 양자 모두의 고심 끝에 결국 장소는 싱가포르로 정해졌다. 싱가포르는 정치적 중립국이며, 경호, 숙박 및 언론 지원을 위한 최신 시설과 인프라를 갖추고 있었다. 또한 2015년 중국 시진핑 주석과 대만 마잉주 총통의 정상회담 등 큰 외교 회담과 국제행사를 성공적으로 수행한 경험이 있었다. 지리적으로도 평양에서 5,000킬로미터 이내에 위치하여 약 1만 킬로미터를 비행할 수 있는 북한 김정은의 전용기로도 무리 없이 비행이 가능한 점도 고려된 것으로 보인다. 협상 장소 결정과 관련하여 양국이 이렇게까지 고심하는 것을 보면, 협상 장소가 주도권 장악, 협상 결과에 미치는 영향이 그만큼 중요하다는 것을 알 수 있다.

◆ 서로 떨어진 장소에서 협상하기

단 한 번도 직접 만나지 않고 통신기술만으로 협상이 진행되는 사례가 점차 늘고 있다. 통신기술은 글로벌한 협상을 용이하게 하는 중요한 수단이지만, 얼굴을 맞대고 악수를 교환하는 기존의 협상방식을 100% 대체하는 데는 한계가 있다. 가장 큰 결점은 직접 얼굴을 보면서 협상을 진행할 때만큼 상대에 대해 잘 파악할 수 없으며, 상대방의 비즈니스 환경에 관한 귀중한 정보들이 전달되지 않는다는 사실이다. 화상회의나 e메일, 전화를 이용할 경우 상대가 발산하는 비언어적 실마리도 거의 포착하기 어렵다. 더욱이 전자적 수단으로만 커뮤니케이션이 진행되는 경우는 거짓말을 하거나 충동적이며 무신경한 메시지를 보내게 될 가능성이 더 커지게 된다.

그와 같은 결점은 있지만 전자적인 협상도 다음의 두 가지 경우에는 잘 풀릴 수 있다. 첫째는 표준적인 제품의 판매 등 e메일이나 전화로만 연락을 취해도 쌍방이 충분한 정보를 얻을 수 있는 비교적 단순한 거래의 경우, 둘째는 쌍방이 이미 상대에 대해서 잘 알고 있으며 협상을 위한 전자통신의 사용방법에 대해 일정한 룰(rule)을 정하고 있는 경우이다.

통신기술이 보다 정확하고 포괄적이며 서로의 마음을 전하는 데도 모자람이 없는 수준에 도달하기 전까지는, 협상 프로세스의 일부만이라도 반드시 물리적인 장소에서 진행되어야 한다.

36

협상하기 가장 어려운 상대, 빼꼼이와 크레믈린

류재언 변호사의 〈협상 바이블〉을 보면 협상하기 가장 힘든 상대방으로 배우자를 뽑고 있다. 그 이유는 다음의 네 가지이다.

첫째, 모든 정보가 노출되어 있다.

"이번 추석에 특별 상여금 나온다고 하던데 얼마 정도 나와?" 협상에서 정보력은 협상력과 직결된다. 즉, 상대에 대한 정보를 많이 확보한 쪽이 협상에서 유리한 고지를 점하게 되는데 배우자는 남편을 상대로 우수한 정보력을 가지고 있다.

둘째, 과거 경험과 감정이 현재의 협상에 개입된다.

"아니, 그 이야기를 도대체 왜 또 꺼내는 거야?" "그 일이 언제적 이야기인데?" 수년간 결혼생활을 통해 해묵은 감정은 갈등 상황이 발생할 때마다 불거져 나온다. 이러한 과거의 감정은 현재의 관계와 소통에 개입되어 문제의 본질을 흐리고 갈등 상황을 더욱 심각하게 만든다.

셋째, 수많은 이해관계인이 얽혀 있다.

앞서 언급했듯이 연애와 결혼의 결정적인 차이점은 숨은 이해관계인들의 개입 여부이다. 일대일 관계도 쉽지 않은데, 양가 부모님들과 아이들, 형제자매까지 고려해야 한다는 점은 배우자와의 협상 상황을 더욱 복잡하게 만든다.

넷째, 협상 결렬 대안을 확보할 수 없는 관계이다.

배우자와의 협상이 힘든 가장 결정적인 이유는 협상 결렬 대안을 찾기 힘들다는 점에 있다. 예를 들어, 본인을 힘들게 하는 친구가 있을 때, 우리는 그 친구를 멀리하고 다른 친구를 만나면 된다. 즉, 마음만 먹으면 항상 결렬 대안을 찾을 수 있고 스트레스로부터 벗어날 수 있다. 하지만 부부관계는 이것이 불가능하다.

결론을 말하자면 배우자는 나의 모든 것을 알고 있고 서로 의존하는 관계이기 때문에 협상하기가 어렵다. 일반적으로 모든 것을 알고 있는 사람을 '빠꼼이'라고 표현한다. 배우자는 나에 대해 '빠꼼이'이다. '빠꼼이'와는 협상하기 어렵다. 다 알기 때문이다. '빠꼼이'는 은어가 아니라 국어사전에 나와 있는 말이다. '어떤 일이나 사정에 막힘없이 훤하거나 눈치가 빠르고 약은 사람을 속되게 이르는 말'로 설명되고 있다.

허브 코엔의 〈협상의 법칙2〉를 보면 협상하기 가장 어려운 상대에 대해 설명한다.

1위는 미친 사람

2위는 비이성적인 사람

3위는 자신이 위기에 몰린 경우에도 상황을 파악하지 못하는 '바보'

우리가 이런 사실을 왜 알아야 할까?

상대가 적대적 혹은 고압적으로 나올 때, 미친 척하거나, 비이성적인 태도를 보이거나, 바보짓을 하면 효과적일 수 있다고 한다.

허브 코엔은 협상하기 어려운 상대 1, 2, 3위를 조금 재미있게 설명한 내용일 수 있지만 조금 다르게 표현하면 '속을 모르는 사람'이라고 할 수 있다. 개인적으로 가장 힘들어 하는 협상 상대는 '속을 모르겠는 사람'이다. 물론 옛날 표현이지만 '크레믈린'이라고 표현한다.

크레믈린은 모스크바의 성 이름인데, 이곳이 구소련의 정책의결이 이루어지는 곳이었다. 당시 소련의 정책은 아무도 몰래 핵심 인물 사이에서만 이루어졌기 때문에 '크레믈린'이라는 말은 언제부터인가 속을 알 수 없는 사람이라는 뜻으로 사용되었다. 이런 유형의 사람을 만나면 정말 답답하고 불편하다. 대체로 표정이 없으며 말수도 별로 없다. 상대와의 인간적인 관계에 대해서는 별로 관심 없고 단기적인 이익에만 집중하는 태도를 보인다. 상호 간의 이익보다는 절대적으로 본인의 이익에만 관심을 갖기 때문에 무척 껄끄러운 상대이다. 개인적으로 멘탈과 에너지를 아끼는 차원에서 멀리한다.

여기서 더 나아가서 상대가 '빠꼼이'인데 '크레믈린'이면 그냥 협상 테이블에서 일어나 나가 버리기를 권유한다. 좋은 협상 결과를 얻는 것은 힘들기 때문에 협상 상대방이 다른 사람으로 바뀔 때까지 물러나 있는 것도 좋은 방법이다.

'크레믈린'으로 대표될 수 있는 소비에트 사람은 여섯 단계를 이용한다고 한다.

- 1단계 – 극단적인 초기 입장: 상대의 기대치를 무너뜨릴 만한 심한 요구나 어처구니없는 요구로 협상을 시작한다.
- 2단계 – 제한된 권한: 협상은 진행하지만 협정에 허가를 할 권한이 거의 없거나 아예 없다. 결국 나 자신하고 입찰을 하고 있는 셈이다.

- 3단계 – 감정 진술: 얼굴이 벌개져서 목소리를 높이며, 분노한 듯 행동한다. 사람들은 자신을 위협하는 불합리한 태도와 마주쳤을 때는 불안해지기 마련이다. 다치지 않으려고 위협에 굴복하기 십상이다.
- 4단계 – 상대방의 양보: 상대방의 양보는 약함의 표시로 인정된다.
- 5단계 – 양보의 인색함: 어떤 종류의 양보든지 미루며, 양보를 한다고 해도 그때는 이미 그들의 입장이 약간 변했을 때이다.
- 6단계 – 최종기한의 무시: 그들은 끈질기다. 시간은 전혀 문제가 안 된다는 듯 행동하는 경향을 보인다.

PART 5

사소한 희생으로
큰 성과를 얻는 협상술
_실전 협상 스킬 & 전략

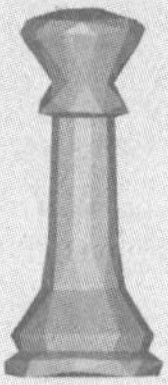

37

Good Boy & Bad Boy 전략

협상에 두 명이 참여하여 둘이서 역할을 분담해서 연기하듯이 진행한다. Bad Boy 역할을 맡은 상사가 잔뜩 화를 내고 나간 후 냉정하게 협상하는 전략이다. 구매담당자가 한 제품을 8만 원에 구매하려고 하고, 판매측 영업담당자는 10만 원에 판매하려고 한다. 양쪽 모두 조금의 양보도 없이 협상 막바지까지 치달았다. 이때 구매담당자의 상사인 팀장이 들어와 이렇게 말한다.

김 과장: 이 제품을 얼마에 구매할 생각인가?
박 대리: 예, 상대방에서는 10만 원을 제안하고 있습니다.

그때 상사는 다소 화난 시늉을 내며,

김 과장: 뭐 10만 원이라고? 너무 비싼데. 7만 원이면 충분할 것 같은데. 단가 잘 조정해.

상사가 떠나고 나면 상대 영업담당자는 안심하게 된다. 대단히 불편한 팀장이 협상 자리를 떠난 것에 대해 다행이라고 생각하게 된다. 이때 과장은 조금 더 유리한 조건을 제시하면서 "그러면 9만 원 정도에 어떻겠습니까?"라고 말하는 것이다. 그렇게 되면 지금까지 Bad Boy에게 정신없이 당한 영업직원은 다소 체념하는 심정으로 타협하도록 하는 방법이다.

물론 Bad Boy를 맡은 팀장과 Good Boy를 맡은 구매담당자 간에는 처음부터 전략을 함께 짜고 상황에 들어가야 한다. Bad Boy를 맡는 사람은 대부분 직속상사이지만, 경우에 따라서는 경리부서장, 관련 타부서의 부장, 사장 등이다. 하지만 너무 지나쳐서 상대방에게 큰 불쾌감을 야기할 경우 거래처의 갑질로 보일 수 있다. 극단적인 경우 회사의 이미지에 큰 타격을 줄 수 있기 때문에 주의할 필요가 있다.

이 협상 방법은 사전에 손발을 맞춰 상사와 부하가 연기를 하는 것이기 때문에 일정 부분의 연기력이 필요하다. 어색하거나 연기에 자신이 없다면 쓰지 않는 편이 낫다. 경험 많은 협상가들은 그 전략을 금방 알아채기 때문이다.

이 방법은 미국에서는 'Good Cop, Bad Cop법'이라고 한다. 미국에서는 관용적으로 쓰이기도 하는데 '회유와 협박', '당근과 채찍'이라고 표현된다. 좋은 형사와 나쁜 형사로 역할을 나누어 범인을 취조할 때 한 사람이 부드러운 형사 역할을 맡아 연기하는 것이다.

이 방법은 상대가 화를 내는 태도에 흔들리지 않는 냉정한 영업담당자의 경우에는 효과가 없다. 이럴 경우 영업담당자의 입장에서는 우선 협상을 중단하고 상대의 화난 연기가 진정될 때까지 끝까지 듣는다. 팀장이 사라진 후에 "자, 냉정하게 이야기합시다." 라고 하면서 어디까지나 진지하게 협상을 계속한다.

만약 이러한 상황에 영업담당자가 웃으면서 냉정하게 대처하면 상대방이 도리어 긴장하게 된다. 또 한 가지 방법은 영업담당자 편에서도 상대에게 지지 않을 정도로 무서운 상사를 모시고 상대하도록 한다. 협상은 사람 수가 많을수록 유리하게 작용하므로 상대보다 많은 숫자로 대응하는 것도 좋은 방법이다.

내가 선호하는 방법 중에 하나는 Bad Boy 때문에 너무 혼란스럽고 불편해서 협상을 그만두겠다고 하는 것이다. 당신의 이러한 예상치 못한 반응에 상대방은 오히려 당황하게 된다. 특히 상대방이 특별한 대안이 없을 경우 더욱 효과적이며 협상에 대한 주도권도 가질 수 있다.

최근 이 협상 전략은 예전보다 좀 더 부드러운 방향으로 사용된다. 협상이 난항을 겪고 있을 때 Bad Boy를 맡은 사람이 자신의 의견만을 고집하면서, 상대측을 공격한다. 그러면 Good Boy를 담당한 사람은 Bad Boy의 태도를 질책하면서 상대에게 대신 사과를 전한다. 상대의 입장을 최대한 이해하고 배려하는 것도 Good Boy의 역할이다. 상황이 이렇게 전개되면 상대방은 자신에게 우호적이고 합리적이라고 판단되는 Good Boy와 대화를 나누고 싶어 한다. 이미 그에게 마음을 열었기에, 그가 제안하는 내용은 한층 수월하게 받아들여질 수 있다.

사실 협상에서 결렬을 원하는 사람은 없다. 서로 보다 많은 이익을 얻기 위해 대립하긴 하지만, 그렇다고 첨예하게 맞서다가 결국 아무런 결론도 내리지 못하고 끝나는 것을 바라지는 않는다. 그렇기에 상대편 중에서 좀 더 부드럽고 유연한 쪽과 계속 협상을 진행하려고 하는 것이다.

이렇게 주도권이 당신 쪽으로 넘어오면, 그때는 협상을 신속하게 끝내야 한다. 주의할 점은 당신이 주도한다고 해서 무조건 당신에게 유리한 쪽으로 협상을 진행해서는 안 된다는 점이다. 당신의 의견을 최대한 관철하되 상대가 손해를 봤다는 생각이 들지 않도록 배려해야 한다. 협상 과정에서 최종 승자는 대부분 자기주장을 끝까지 굽히지 않은 사람이 가져간다.

협상을 승리로 이끌었다는 점에서는 이익이나 상대방에게 '고집스럽고 융통성 없는 사람', '양보할 줄 모르는 이기적인 사람'이라는 인상을 심어준다는 점에서는 손해이다. 대부분의 비즈니스 협상은 단발로 그치는 경우가 드물기 때문이다.

단 한 번의 협상으로 적을 만들어버리면, 다음 협상 혹은 비즈니스 자체를 꾸려나가기가 힘들어질 수 있다. Good Boy의 역할은 협상이 끝난 후 상대와 지속적인 관계를 유지해야 하는 사람이 맡는 편이 좋다.

38

침묵 기법

협상에서 침묵은 유용한 기법이다. 사람들은 협상 중에 대화가 끊기는 상황을 좋아하지 않는다. 이런 상황을 불편하거나 불안해하기 때문이다. 대화가 끊기면 사람들은 대화를 잇기 위해 계속 말을 하게 된다. 당신이 협상 중에 상대방의 발언에 대하여 대응하지 않고 침묵을 지킨다면, 상대방은 그 침묵을 참지 못할 것이다. 흥미롭게도 침묵을 깨기 위한 상대방의 계속적인 말 속에서 당신에게 유익한 정보는 물론 더 큰 양보도 얻을 수 있다.

침묵 기법은 상대방이 제안을 한 직후에 더욱 효과적이다. 당신이 계속 침묵을 지키고 상대방이 그러한 침묵의 상황을 불편해 한다면, 상대방은 그 제안을 당신에게 유리하도록 수정하여 다시 제안할 수 있다. 상대방은 당신의 침묵을 자신의 제안에 대한 거부라고 해석할 수 있기 때문이다. 침묵이라는 것은 큰 노력이 들지 않는 태도인데 비해 상대방에게 별다른 압박감을 주지 않고서 상대방에게서 일정 부분의 양보를 얻을 수 있다. 만일 상대방이 당신의 침묵에 대하여 부정적으로 반응하여 협상을 중단하려고 할 수 있다. 이때는 침묵을 지켜서 미안하며 잠시 상대방의 제안에 대해 진지하게 고민할 시간이 필요했다고 말하면 된다.

침묵기법은 질문기법과 함께 사용하면 더욱 효과적이다. 한 가지 사례를 살펴보겠다. 박 대표는 최근 작업실을 옮기면서 바닥에 카펫을 깔아야 하는데 인테리어 업자가 두 번이나 일정을 맞추지 않았다. 심지어 주말에는 작업실을 옮긴 기념으로 사람들을 초대해 파티를 열려고 했지만 인테리어 업자는 전화로 미안하다며 다음 주 월요일에 해 주겠다고 한다. 박 대표는 화가 머리끝까지 나서 고함을 지르려고 했지만 마음을 다스리고 침묵기법과 질문기법을 사용했다.

잠시 침묵한 뒤, 조용하면서도 단호한 어조로 세 번이나 연기하는 것은 잘못된 것이라고 말한 뒤, "제가 세 번이나 약속을 어긴다면 어떤 기분일 것 같으세요?"라고 질문을 한 뒤 침묵을 지킨다. 그 후 "다음 주 월요일에는 제가 작업실에서 작업이 6건이나 잡혀 있는데, 제가 어떻게 해야 할까요?"라고 다시 질문하면서 침묵을 지켰다. 그랬더니 인테리어업자는 "오늘 야간이라도 작업해드리겠습니다."라고 하며 인테리어 카펫 작업을 끝마쳐 주었다.

침묵기법은 협상에서 최고의 방어 전략이기도 하다. 대기업에 다니는 신 팀장은 '협상의 달인'으로 소문이 자자하다. 어떤 협상에 나가든 원하는 결과를 얻어내는 그는 백전백승의 신화를 이어가고 있다. 회사에서 포기한 협상도 신 팀장이 나가면 대부분 성공적인 결과를 가져온다. 그의 성공 비결은 무엇일까?

그는 협상 시 말이 없다. 말을 많이 하면, 그만큼 속내를 많이 드러내게 된다. 의도를 들키면 협상을 내 뜻대로 끌어가기가 힘들다. 신 팀장이 말을 아낀 이유도 여기에 있다. 그는 일단 상대의 발언을 충분히 들으면서, 그의 진의를 파악하는 데 힘썼다. 그리고 그에 대한 자신의 생각을 정리한 뒤에야 비로소 입을 열었다. 주장을 조목조목 반박하니 상대도 손을 들지 않을 수 없었던 것이다. 어떤 말이라도 해야겠다는 생각으로, 정리되지 않은 의견을 내놓았다가는 그대로 침몰할 수 있다. 궁지에 몰려 아무 말이나 내뱉는 것은 당신의 패배를 인정하는 일이나 다름없다. 그럴 때는 차라리 입을 다문 채 생각을 정리하는 편이 생산적이다.

협상을 할 때, 도저히 의견이 좁혀지지 않는다면 "저희가 어떻게 해야 하죠?"라고 말하며 침묵을 지킨다. 이때 효과를 높이기 위해 손바닥을 보여주면서 자연스럽게 손을 건네는 듯한 제스처를 취한다면 훨씬 더 유리하게 작용할 수 있다.

'오바마의 51초간의 침묵'에 대한 일화는 무척 유명하다. 버락

오바마 전 미국 대통령은 과거 애리조나 총기난사 사건 희생자들의 추모식에서 연설하였다. 당시 〈뉴욕타임스〉는 오바마 대통령의 연설을 집중 조명하면서 "대통령으로서는 물론, 두 딸의 아버지의 모습을 보여줬다."며 호평했다. 특히 대중연설에서 불필요한 감정을 노출하지 않고 마지막 부분에서 무려 51초간 침묵하며 자신의 감정을 추스르는 모습을 통해 국민들에게 큰 감동을 주었다. 이처럼 말하는 것보다 말하지 않는 경우에 더욱 큰 힘이 전달되기도 한다.

"나는 미국의 민주주의가 크리스티나가 상상하는 것과 같이 좋았으면 한다." (크리스티나는 피해자, 9세 여자아이)
51초의 침묵…….
"이번 사건을 빌미로 서로 싸우지 말고 비난하지 말자. 대신 결집하고 희망을 갖자. 대중을 선동해 대결구도를 만드는 짓을 하지 말자."

반대로 상대방이 침묵을 지키는 경우에 이러한 침묵에 대하여 어느 정도 대비하여 불편을 느낄 필요가 없다. 또한 당신도 똑같이 침묵을 지킬 수 있다. 또는 상대방에게 협상의 목적이나 동기가 무엇인지에 대해 질문을 던질 필요가 있다.

이러한 구체적인 질문에도 상대방이 계속 침묵을 지킨다면 상대방이 협상을 성실하게 수행할 의지가 있는지 의심해야 한다. 당신이 최선의 대안을 가지고 있다면 상대방에게 협상의 중단을 요구하면 될 것이다.

39

박차고 나가기 전략

협상을 진행하는 중에 더 이상의 협상을 그만두겠다고 선언하는 것이다. 소위 최후 통첩기법이다. "이제 그만 나가겠습니다." 이 기법은 기본적으로 가지고 있는 최선의 대안이 좋기 때문에 굳이 협상할 필요가 없거나 아니면 상대방에 대하여 충격을 주기 위해 사용된다. 이 기법은 협상에서 사용할 수 있는 기법 중에서 가장 강력하다고 할 수 있다.

박차고 나가기 전략은 결정적인 순간에 예외적으로 사용된다. 항상 자주 사용하면 안 되며 시점이나 대상이 중요하다. 가장 중요한 사안에 대해서 사용될 수 있다. 예컨대 이 전략을 사용하기 전에 상대방에게 자신이 원하는 가격, 조건 등을 제안한다. 그리고 상대방이 이러한 제안에 동의하도록 노력한다. 상대방이 이 제안을 거절하면 "죄송합니다만 더 이상 협상할 수 없게 되었습니다.

시간 내어 주셔서 감사했습니다."라고 말한 후 밖으로 나간다.

이러한 경우에도 당신은 상대방과 협상을 다시 수행할 수 있는 가능성을 포기해서는 안 된다. 그래서 가능하면 밝은 표정으로 태연하게 협상 장소를 물러나는 것이 좋다. 협상 사안에 대한 해결이 중단된 것이지, 당신과 상대방 사이의 관계가 중단되어야 하는 것은 아니기 때문이다.

상대방이 '박차고 나가기 전략'을 사용할 때의 대응법에 대해 알아보자. 상대방은 이 전략을 사용하기 전에 당신에게 원하는 가격, 조건 등을 제안하였을 것이다. 상대방은 당신에게 자신의 제안을 수락하도록 거듭 재촉하였을 것이다.

상대방이 협상 장소를 떠나 밖으로 나가려는 경우 당신은 다음의 세 가지 선택을 할 수 있다.

첫째, 당신은 상대방이 밖으로 나가기 전에 붙잡는다. 이러한 경우는 당신이 상대방과의 협상을 절실하게 바라는 경우이다. 당신은 가능한 한 상대방을 협상에 복귀시키고, 가능하면 상대방의 요구를 당신의 요구에 일치시키도록 노력해야 하는 것이다.

이 점에서 상대방은 협상에 있어서 당신보다 유리한 처지에 있다고 생각할 수 있다. 당신은 상대방에게 서로의 협상 이유, 서로를 충족시킬 수 있는 최적의 선택, 이러한 선택에 대한 공정하고 객관적인 기준 등을 제시하면서 설득해야 한다.

둘째, 당신은 그 자리에서 상대방을 붙잡지 않고 그대로 나가도록 둘 수 있다. 당신이 여전히 상대방과 협상을 원한다면, 그 후 상대방에게 협상을 계속하자고 연락할 수밖에 없다. 이 경우 상대방은 당신보다 유리한 입지에 서게 되었다고 생각할 것이다. 일반적으로 당신이 상대방과 다시 만나 협상으로 계속한다면 당신은 상대방이 앞서 제안한 내용을 상당 수준에서 받아들일 수밖에 없을 것이다.

이 경우에도 당신은 상대방과 협상의 기본 원칙에 따라 협상은 진지하게 수행해야 할 것이다.

셋째, 당신은 그 자리에서 상대방을 붙잡지 않고 그대로 나가도록 둘 수 있다. 이젠 상대방이 자신의 '박차고 나가기 전략'에 대한 책임을 져야 할 때이다. 이 경우 상대방은 이 협상을 포기하고 다른 협상 상대를 찾던지, 아니면 당신에게 다시 연락하는 수밖에 없다. 상대방이 협상을 계속하자고 연락한다면, 이제 상대방은 상황에 대해 부담을 느끼게 되고, 당신은 전보다 더 유리한 상황에서 협상을 진행할 수 있다.

이 경우에도 상대방과의 관계를 고려하여, 당신은 상대방을 배려하면서도 유리하게 협상을 수행하는 것이 좋다. 또한 상대방의

'박차고 나가기 전략'이 단지 주도권을 잡기 위한 연기에 불과하다면, 당신은 일단 상대방의 전략을 무시할 수 있다.

40

Foot In The Door & Door In The Face 테크닉

Foot In The Door 테크닉은 '문에 발부터 들여놓기' 기법이다. 상대방이 수락하기 쉬운 부탁을 요청하고 상대가 수락하면 그 이후 더 큰 요청을 수락하게 만드는 전략이다. 일단 문에 발부터 들여놓은 다음에 정말 중요한 것을 얻는 방법이라 할 수 있다. 로버트 치알디니의 〈설득의 심리학〉 중 '일관성의 법칙'에 해당한다. 일관성의 법칙이란 사람들이 자신이 행동한 방식과 일관성 있게 보이려고 하는 심리를 말한다.

"오늘 날씨 정말 좋죠?"

"네."

"이런 날 야외로 나가면 좋을 것 같아요. 그쵸?"

"네."

"그러면, 저랑 저기서 차 한 잔 하실래요?"

"네, 그러죠 뭐."

Foot In The Door 테크닉은 다양하게 사용된다. 특히 마트의 시식코너가 이 기법을 사용한다고 볼 수 있다. 다음은 예전에 나온 시식코너와 관련된 기사이다.

식품매장 시식코너 '매출 7배'

시식 코너를 운영하는 제품은 그렇지 않은 제품보다 평균 7배 이상의 매출을 올린다. 실제로 현대백화점 천호점의 경우 단순히 진열만 해놓았을 때 월평균 1백40만 원의 매출을 올렸던 만두 제품이 무료 시식 행사를 운영한 후엔 월 8백만 원어치가 팔렸다. 현대백화점 식품팀 윤명원 부장은 "일부 주부들은 맛만 보고 가기 미안해서 구입을 하기도 하고 쇼핑 코스 마지막이 식품 매장이기 때문에 속이 출출해져 이것저것 시식해 본 후 상품을 구입하기도 한다."며 "일단 시식을 한 고객의 40~60%는 상품을 구입하는 편"이라고 말했다.

반면 Door In The Face는 '면전에서 문 닫기' 기법이다. 상대방이 수락하기 어려운 부탁을 요청하고 상대가 거절하면 처음 요청보다 부담이 작은 요청을 하여 상대방이 수락하도록 하는 것이다. 로버트 치알디니의 〈설득의 심리학〉의 '상호성의 법칙'에 해당한다. 상호성의 법칙이란 상대에게 고마움 또는 미안함을 느끼면 그것을 해소하기 위해서 상대의 부탁을 들어주는 심리이다.

"날씨도 좋은데 저랑 야외로 드라이브 가실래요?"

"아뇨."

"그러세요. 그러면 뭐, 그냥 저기서 차 한 잔만 하시죠."

"네, 그러면 괜찮을 것 같아요."

두 가지 기법은 서로 상반되어 있다. 작은 제안에서 큰 제안으로 가는 것과 수락이 어려운 큰 제안에서 작은 제안으로 가는 것이다. 어떤 경우에 각각 사용할 수 있을까?

상대와의 관계의 정도가 약할 때는 Foot In The Door를 상대와의 관계가 강할 때는 Door In The Face를 사용하는 것이 일반적이다.

Door In The Face 전략을 간단하게 사용하면 다음과 같다. 보험설계사로 일하는 선배가 후배를 만나 저녁을 먹는다.

선배: 오늘은 네가 산다고 그랬지. 정말 고맙다.

후배: 선배님, 이 정도는 제가 사야죠. 옛날에 많이 얻어 먹었는데요.

선배: 그래, 그러면 저녁은 내가 살테니까 최근에 새로 나온 운전자 보험 하나 가입해라. 너한테 큰 도움이 될거야.

후배 입장에서는 벌써 작은 승낙을 한 상태로 NO로 나오기가 애매해진다.

Door In The Face 전략은 친구에게 돈 빌릴 때 효과적이다.

민호: 승준아, 내가 정말 급해서 그러는데 1,000만 원만 빌려줘라. 내가 2주 후에 돈이 생기는데 그 때 꼭 갚을게.

승준: 야, 내가 돈이 어디 있냐? 나도 요새 돈 없는 거 너도 잘 알잖아.

민호: 그래. 너도 많이 힘들지. 그러면 100만 원만 빌려줘라. 다른 돈은 어떻게든 내가 해 볼테니까.

승준: 어, 100만 원. 그래 100만 원 정도는 빌려 줄 수 있을 것 같아. 꼭 갚아야 한다.

민호: 그럼, 당연하지. 넌 정말 내 친구다.

미국 리드 칼리지의 심리학자 리처드 브라운스틴 박사의 미술관 실험에 의하면 Foot In The Door보다는 Door In The Face가 더 효과적이라는 결과가 나왔다.

※ Foot In The Door 테크닉

"미술관의 예산을 삭감하지 않았으면 한다는 서명에 사인해 주지 않으시겠습니까?"

"1달러의 기부도 부탁드립니다."

실제 승낙율: 50%

※ Door In The Face 테크닉

"미술관을 위해 5달러만 기부해 주지 않으시겠습니까?"

"부담이 되신다면 1달러만 기부를 부탁드립니다."

실제 승낙율: 86.9%

그래서 개인적으로 협상을 할 때 Door In The Face 기법을 자주 사용한다. 상대방에게 미안한 감정을 느끼게 한 뒤 실제 내가 원하는 작은 승낙을 받는 것이다.

41

쿠션 화법

상대방의 반론에 대해 맞받아 반론을 제기하면 감정적으로 충돌이 일어나 협상에 실패할 수 있다. 생각보다 사람들은 감정에 많이 좌우되기 때문에 비즈니스상에서 상대방의 말에 바로 반론을 제기하는 것은 위험하다.

가령 상대방이 "조금 가격이 높은데……."라고 말했을 때, "절대 그렇지 않습니다."라든지 "다른 회사보다는 가격이 낮은데요."라는 식으로 상대방의 말을 바로 부정해 버리는 식의 말을 하는 것은 위험하다.

'가격이 높다', '예산이 없어서……', '다음에……', '한 번 더 생각해 보고……' 등의 말이 고객의 반론이라고 볼 수 있다. 이런 반론에 대해 곧바로 그렇지 않다고 강하게 반론을 제기하지 말아야 한다. 상대방이 감정적으로 불편해질 수 있고 논쟁으로 치달아 협상 자체가 진행되지 않을 수 있기 때문이다.

실제 내가 기업에서 마케팅담당자로 근무할 때, 한 외부 영업담당자에게 '조금 비싸다'고 반론을 제기한 적이 있었다. 그때 상대방의 표정이 붉으락푸르락해지며 '말도 안 되는 소리 하지 말라'는 식으로 말해서 크게 당황한 적이 있다. 솔직하게 나 역시도 불쾌한 감정이 들어 그 담당자와는 인연이 지속되지 않았다.

고객의 반론에 대해 쿠션 화법을 쓰면 된다. 예를 들어, "가격이 좀 높은 것 같습니다."라고 상대방이 말하면, 우선 "네, 그렇게 생각하실 수 있을 것 같습니다."와 같이 답하는 것이다. 상대방은 본인의 반론에 대해 동의 의견을 들으면 그것에 대해 재반론이 불가능해진다. "절대 그렇지 않습니다."와 같은 반론을 해 버리면 상대방도 또 다른 반론으로 나올 가능성이 높다. 유리컵이 그냥 바닥에 떨어지면 깨지지만, 쿠션을 받쳐두면 깨지지 않는다. 상대의 반론이라고 하는 유리컵을 부드럽게 받기 위한 협상 방법이 바로 쿠션 언어인 것이다.

좀 더 훈련을 해 본다면 'Feel-Felt-Found' 화법을 쓰면 된다.

먼저, 철저히 동의(Feel)하고, 다른 사람들도 마찬가지라는 것을 알려주고(Felt), 다른 사람들이 그 상품을 실제 써보고 나서 좋은 평가를 하고 있다(Found)는 식으로 화법을 전개해 보는 것이다.

"좀 가격이 비싼 것 같네요."(고객의 반론)

"그렇게 생각하시는 것이 어쩌면 당연합니다."(Feel)

"다른 분들도 똑같은 말씀들을 하시더라고요."(Felt)

"그런데 실제 사용해 보고 그만큼의 가치가 있다고들 말씀해 주시더라고요."(Found)

또 다른 예를 들어보자. 기업의 연수 프로그램에 대해 고객이 반론을 제기하였다.

"이틀밖에 안 되는데 가격이 좀 비싸지 않나요?"

"그렇군요. 과장님 입장에서는 그렇게 생각하실 수 있을 것 같습니다."(Feel)

"실제 진행하셨던 담당자분들도 처음에는 그렇게들 말씀하시더라고요."(Felt)

"그런데 실제 참가하신 교육생분들로부터 교육 이후 정말 좋은 피드백을 받으시고 담당자분들이 크게 만족을 하셨습니다. 그래서 매년 꾸준하게 진행하는 기업들도 많이 있습니다."(Found)

개인의 생각처럼 말하는 것보다 다른 회사의 객관적인 평가를 들어 말하는 것이 훨씬 설득력이 있다.

"벌써 180회 이상, 수천 명의 직원들이 참가한 프로그램입니다. A사, B사, C사 같은 대기업도 저희 프로그램을 진행하고 있습니다."

"조금 비싸도 다행히 그만큼의 가치가 있다고 다들 인정해 주시더라고요."

다음은 거절과 반론에 대한 쿠션 화법이다. 평상시에 연습해 두었다가 실전에 사용해 보자.

"돈이 별로 없어요."(반론)

"그렇습니다. 요즘 같은 경기에 많이 힘드시죠."(쿠션 화법)

"너무 비싸요."(반론)

"네, 맞습니다. 그런 말씀 자주 듣습니다."(쿠션 화법)

"다른 회사가 더 저렴한데요."(반론)

"네, 분명히 그럴지도 모르겠습니다."(쿠션 화법)

"자금 여유가 없어요."(반론)

"네, 대부분의 분들이 처음엔 다 그렇게 말씀하십니다."(쿠션 화법)

"예산이 초과되어서요."(반론)
"네, 역시 그 부분이 내부적으로 어려운 부분이군요."(쿠션 화법)

"1,000만 원밖에 예산이 없어요."(반론)
"아, 그렇습니까? 정해진 예산을 바꿀 수는 없으니까요."(쿠션 화법)

42

플런칭 기법

정가 3만 원짜리 물건을 파는 가게에 손님 두 명이 들어온 상황이다. 동일한 가격에 대해 A와 B의 손님의 반응은 다르다.

A 손님: (마음속으로만 생각한다) **3만원 너무 비싼데…….**

B 손님: (말과 표정으로 적극적으로 표현한다) **예? 3만원이요?**

가게 주인은 A의 덤덤한 모습을 보고 '오호 정가에 팔 수 있겠는데…….'라고 생각하지만, 깜짝 놀라는 모습을 보여주는 B에 대해서는 '내가 좀 심했나? 2만 7천 원 정도에 팔까?'라는 생각을 하게 된다. 플린치(Flinch)란 '깜짝 놀라다, 움찔하다'라는 뜻으로, 플린칭 기법은 깜짝 놀라는 과한 반응을 보여줌으로써 협상에서 유리한 결과를 유도하는 것을 말한다.

인간은 기본적으로는 감성의 동물이므로 상대가 바로 앞에서 청각적·시각적 충격을 표현하면 본능적으로 '무언가 잘못되었다'고 인식하게 된다. 한국인의 경우 '체면'을 중시해 플린칭 사용에 소극적인 경향이 있어 적극적 플린칭은 사용하기 어려워한다. 그래서 상대의 말을 그대로 따라하는 것만으로도 소극적 플린칭 효과를 볼 수 있다. 사례의 B 손님처럼 "예? 5만 원이요?" 정도면 충분하다.

플린칭 기법을 다른 말로 표현하면 '깜짝 놀라기 기법'이라 할 수 있다. 당신이 150만 원으로 견적을 제시했을 경우, 상대방이 "예산이 105만 원밖에 없으니까 105만 원에 해 주시죠."라며 가격 할인을 요구해 온다고 하자. 그때 당신은 "알았습니다. 긍정적으로 검토해 보겠습니다."라고만 하면 안 된다.

"예! 105만 원이요? 그렇게는 안 될 것 같은데요." "예! 30퍼센트나 깎으시려구요?" "그 정도 해 드리면 저 잘릴 수도 있습니다."라고 하면서 다소 과장되게 놀라는 것이다. 아니면 "네?" 하고 놀라며 다소 당황스럽다는 표정을 주는 것만으로도 효과가 있다.

여기서 중요한 것은 너무 지나치게 반응하거나 정색하며 상대방을 더 당황스럽게 만들어 상대의 기분까지 상하게 하면 안 된다는 것이다. 그냥 우리의 상황을 전한 것뿐인데 저 정도까지 말해야 하나라는 감정이 들 수 있기 때문이다.

이런 반응을 통해 상대방은 마음속으로 "너무 심했나?"라고 생각해 강한 제안 자체를 부드럽게 만들 수 있다. 협상은 일정 부분 심리게임이기도 하기 때문에 놀란 반응은 상대방을 심리적으로 압박하는 효과가 분명 발생한다.

결론은 '상대방의 지나친 최초 제안을 편하게 덥석 물지 말라'는 것이다. 베테랑 구매 담당자는 처음에 다소 허세를 부리며 다가오게 마련이다. 가끔은 얼토당토않은 가격이나 조건, 할인을 요구하기도 한다. 그러고 나서 상대방이 어떻게 나오는지 지켜보는 것이다. 처음에 강한 선제공격을 하고는 상대방이 반응하는 모습을 보는 것이다.

다시 한번 강조하지만 최초 제안 받은 조건이 받아들이기 가능한 범위라 할지라도 절대 덥석 물어서는 안 된다. 최초 제안을 덥석 물어서 나중에 '잘 못했다. 더 버틸 걸…….'이라는 후회하는 일은 없어야 한다.

플린칭 기법은 가격협상뿐만 아니라 다양한 협상 상황에서도 응용이 가능하다. 예를 들어, 상사가 "이 일을 오늘 중으로 마쳐 주게!"라고 하면서 엄청난 양의 일을 던져주었다고 하자. 이때 마음속으로 '죽었구나 오늘 늦게까지 해야겠네.'라고 생각할 것이다. 그러나 상대는 직속상사이기 때문에 어쩔 수없이 "알겠습니다. 어떻게든 해 보겠습니다."라고 대답하는 사람이 많을 것이다.

이럴 경우, 눈 딱 감고 한번쯤은 "예? 이걸 오늘 중으로 말입니까?"라고 깜짝 놀라 보라. 상사는 부하의 눈치를 보며 "그래? 혹 무리라면 내일까지라도 좋아."라고 뒤로 물러설 것이다. 하지만 자주 이 방법을 사용하면 일하기 싫어하는 직원으로 낙인찍혀 상사의 눈 밖에 날 수 있으니 조심해야 한다.

다시 한번 이 기술을 쓸 경우, 주의해야 할 점은 결코 상대방을 비난하거나 공격한다는 느낌을 주어서는 안 된다. 상대에게 좀 지나친 제안이었고 한 발 물러서야겠다는 감정만 일으킬 수 있다면 충분히 성공적이라 할 수 있다. 생각보다 효과적인 협상 기법이기 때문에 평상시에 거울을 보고 자연스럽게 훈련해 놓을 필요가 있다.

43

더블 바인드 기법

더블 바인드란 '이중 구속'이란 뜻이다. 대화할 때 이중으로 구속하여 상대가 그 구속에서 벗어나지 못하게 만드는 것을 말한다. 원래 Double-bind의 의미는 이러지도 저러지도 못하는 상황, 곤경, 딜레마를 뜻한다.

하지만 여기에서 구속이란, 일방적으로 상대의 심리를 가둔다는 것은 아니다. 자신이 원하는 방향으로 이끄는 선택 사항을 두 개 이상 제시하여, 질문을 받은 상대가 '아니요', '안 돼요'와 같이 거절하기보다 선택할 수 있는 주도권을 제시한다는 측면이 크다.

2004년 유명했던 드라마 '미안하다 사랑한다'의 대사이다.

처음에는 남자 주인공이 이렇게 대사를 시작했다.

"밥 먹자. 뭐라도 먹자."

여자 주인공의 대답은 No였다.

"차 세워줘요."

이번에는 남자 주인공이 더블 바인드 기법을 사용하였다.

"밥 먹을래? 나랑 뽀뽀할래?"

"밥 먹을래? 나랑 살래?"

"밥 먹을래? 나랑 같이 죽을래?"

물론 밥을 먹는데 성공하였지만 소지섭이니까 가능할 수 있다는 점은 잊지 말아야 한다.

더블 바인드의 핵심 포인트는 다음과 같다.

1. 이미 원하는 상황이 이뤄졌다고 생각하고 시작한다.
2. 원하는 상황을 만들기 위한 선택사항을 생각한다.
3. '예' 또는 '아니오'가 아닌 구체적인 방향을 제시한다.

스티브 잡스와 존 스컬리에 대한 일화가 있다. 존 스컬리는 마케팅의 귀재로 펩시콜라의 부사장이었다. 그는 코카콜라에 절대적으로 밀리던 펩시콜라를 최고의 브랜드로 키워낸 장본인이었다. 이런 그가 당시 작은 스타트업 기업이었던 애플로 가게 된 것은 순전히 스티브 잡스의 설득 때문이었다.

스티브 잡스는 뉴욕에 있는 자신의 아파트에 존 스컬리를 초대한 뒤 자신보다 훨씬 나이도 많고 경력도 많은 거물을 상대로 다음과 같이 말했다. "평생토록 설탕물만 팔면서 살고 싶으십니까? 아니면 나와 함께 세상을 바꾸고 싶으십니까?" 존 스컬리는 이 한마디에 엄청난 충격을 받았고 잡스에게 설득당해 애플에 들어오게 된다.

이런 설득의 기술을 '더블 바인드(Double Bind) 스킬'이라 한다. 상대에게 감정적으로 강요하지 않으면서도 상대가 쉽게 거절하지 못하게 하는 기법이다. 한마디로 상대가 '아니요', '안 돼요' 같은 거절의 말을 못하게 만드는 방법이다.

이런 더블 바인드 스킬을 영업에 활용해 성공한 곳도 있다. 서울 시내의 한 유명 분식집은 늘 다른 가게보다 매상이 높다. 그 이유는 주문할 때 종업원의 대응 때문이다. 고객이 "라면 하나 주세요?"라고 주문하면 종업원은 "라면에 계란 하나를 넣어 드릴까요, 아니면 계란 두 개를 넣어 드릴까요?"라고 묻는다. 아니 누가 라면에 계란을 세 개나 넣는다는 말인가? 누구나 계란을 하나만 넣어달라고 한다.

그러나 설득의 본질은 계란을 넣고 안 넣고의 문제가 아니라 무조건 하나를 넣게 한다는 것이다. 대화의 초점을 양자택일로 몰아가면 거절하기 어려울 뿐 아니라, 상대가 스스로 선택할 수 있는 주도권을 줌으로써 감정적인 승리감까지 맛볼 수 있게 한다.

가정에서 부모와 아이의 대화에서도 더블 바인드 기법을 활용할 수 있는데 무척 효과적이다. 양치질을 하지 않으려는 아이에게 '양치할까?'라고 하면 '싫어요', '안 할래요.'와 같은 반응이 나오게 돼 있다. 하지만 '빨간색 칫솔로 양치할까?' 아니면 '파란색 칫솔로 양치할까?'라고 질문하면 아이는 둘 중에 하나를 선택해야 하기 때문에 자연스럽게 양치질을 하게 될 것이다.

이러한 양자택일형 질문을 사용하면 언성을 높이지 않고도 아이가 자발적으로 행동할 수 있도록 인도할 수 있다.

실제 사기꾼들이 자주 쓰는 방법이기도 하니까 조심해야 한다. 예전에 있었던 실제 더블 바인드 기법의 피해 사례이다.

"고객님, 안녕하십니까? ○○은행 △△△입니다. 저희 쪽 전산 오류로 고객님 계좌에서 돈이 인출되었습니다. 지금 곧 입금해 드리려고 하는데 고객님 계약번호가 몇 번이시죠?"

"계약번호요?"

"아, 네. 계약번호가 생각 안 나시면 비밀번호로 확인하셔도 상관없습니다만……."

"그래요? 비밀번호는 ㅁㅁㅁㅁ예요."

있지도 않은 계약번호 운운하면서 감쪽같이 비밀번호를 알아내 예금액 전부를 인출 당했던 사례이다.

44

레드 헤링 기법

청어(Herring)는 영국 근해에서 많이 잡히는 물고기 중의 하나이다. 청어를 훈제하면 붉은색으로 변하면서 매우 강한 향을 풍긴다. 사냥꾼들은 사냥개에게 여우 냄새를 분간케 하는 훈련을 시키면서 여우 냄새와 전혀 다른 붉은색 청어(Red Herring)를 사용했으며, 반대로 탈옥수나 도망자 또는 여우 사냥에 반대하는 동물보호 운동가들이 사냥개를 헷갈리게 만들기 위해 사용하기도 했다. 이를 두고 사냥꾼들이 "그 빌어먹을 놈들이 레드 헤링으로 사냥개들을 못 쓰게 만들어 놓았어."라고 말한 것이 어원이 되었다.

즉, 반대편으로 주의를 돌려 헷갈리게 만든다는 뜻이다. 경제 영역에서는 '거짓 신호'를 뜻하는 의미로 사용되기도 한다. 중요성이 떨어지는 문제를 크게 부각하면서 정작 근본적인 문제를 감추는 경제지표나 데이터 등이 대표적인 레드 헤링의 예이다.

오래 전 세계 대공황 이전의 미국 투자은행들은 새로 생겨난 기업들이 내놓은 초기 사업계획서를 레드 헤링이라고 불렀는데, 이는 그럴듯한 내용으로 포장된 사업계획서에 속지 말라는 경고의 의미가 있었다. 물론 정치계에서도 중요한 사안을 덮기 위해 별 것 아닌 상대방의 이슈를 크게 부각시키는 방법으로 레드 헤링 전략을 자주 사용한다.

우리는 주위에서 쉽게 주의 전환의 사례를 볼 수 있는 있는데 바로 싸우다가 "너 몇 살이야?"라고 하는 것이다. 차량 접촉 사고가 나서 운전자들끼리 말싸움을 벌이다가 불리해지면 "너 몇 살이야?"라고 하는 것이다. "왜 반말이야?"로 맞받아치면 애초에 싸움을 시작했던 주제나 원인은 사라지고, 인간성이나 싹수의 문제가 싸움의 주제가 되어 버린다. 이러한 싸움 속에는 '주의 전환의 오류'가 숨어 있는 것이다.

또한 큰 음주 사고를 낸 알코올 중독자를 변호하는 변호사가 판사에게 "알코올 중독은 매우 심각한 사회적 문제입니다. 따라서 마땅히 이러한 사회적 문제를 해결하기 위한 노력이 있어야 할 것입니다."라고 호소한다면 그것 또한 '주의 전환의 오류'일 것이다.

이러한 레드 헤링 기법, 즉 주의 전환법은 협상에서 유리한 고지를 차지하기 위해 자주 사용된다. 납품과 관련된 극히 사소한 문제를 엄청나게 부풀려서 떠들어대는 거래처가 있다. 이 거래처는 다른 업체와 거래했더라면 이런 일은 일어나지 않았을 것이라며 깊은 한숨까지 내쉰다. 몸둘바를 모를 정도로 당황한 당신은 이러다가 거래가 끊기는 것이 아닌가 하는 생각으로 불안해진다. 그때 거래처는 그냥 넘어갈 테니 가격을 낮춰달라고 요구한다. 이 요구에 넘어가면 당신은 바로 레드 헤링 기법, 주의 전환법에 당한 것이다.

성공적인 레드 헤링을 위해 자주 등장하는 테마들은 다음과 같다.

첫 번째로 허위정보(Planted information),
두 번째로 시간 압박(Time pressure),
세 번째로 위장 전선(Bogus agenda),
네 번째로 맞교환(Trade-off)이 있다.

또한 레드 헤링의 통상적인 전개 순서는 다음과 같다.

- 1단계는 협상에서 달성하고자 하는 목표를 정확히 파악하는 것이다.
- 2단계는 상대를 면밀히 분석하여 약점이나 주요 관심사항을 파악하는 것이다.

- 3단계는 자신의 협상목표는 드러내지 않은 채, 상대의 주요 협상목표나 사안을 협의하면서 상대의 약점을 부각시켜 협상결렬의 위기상황을 연출하는 것이다.
- 4단계는 상대가 예상한 협상시한이 임박할 때까지 상대의 제안을 거부하며 시간을 보내는 것이다.
- 5단계는 자신의 제안을 상대가 조속히 수용하지 않을 경우에 다른 경쟁업체로 계약전환을 하거나 계약이 무산될 수도 있음을 암시하여, 협상결렬에 따른 심각한 피해가 발생할 것이라는 두려움을 일으키는 것이다.
- 6단계는 상대의 위기상황을 해결해 주는 대신 적정한 타협이나 절충은 불가피하다며, 이제껏 숨겨 온 협상목표를 실현해 주는 내용을 포함한 최종 타협안을 던져 협상을 마무리 짓는 것이다.
- 7단계는 협상이 종결되고 아무리 세월이 흘러도 결코 레드 헤링 전술이었음을 노출하지 않는 것이다.

다소 상대방을 기만하는 협상 전략으로 판단될 수 있기 때문에 사용할 때 신중을 해야 한다. 하지만 상대방이 레드 헤링 기법을 사용한다고 판단될 경우 정확한 의도를 파악하여 희생당하지 않도록 주의를 기해야 할 것이다.

45

살라미 전술

"서로의 주장이 팽팽히 맞서는 문제는
두 개 혹은 여러 개의 소의제로 나눠 토론하라.
하나하나 해결하다 보면 어느새 전체를 손에 넣을 수 있다."

_하버드 협상연구소

노련한 협상가일수록 자신의 모든 요구 사항을 한 번에 쏟아내지 않는다. 우선 작은 것부터 양보를 얻어내고, 서서히 더 많은 것을 요구하며 자신의 목표를 조금씩 순차적으로 달성해 나간다. 이를 통하여 상대가 거부감 없이 더 큰 양보를 하도록 유도해 더 많은 이익을 손에 넣을 수 있기 때문이다.

살라미 전술이란 협상에서 한꺼번에 포괄적인 목표를 달성하는 것이 아니라, 쟁점 이슈를 부분별로 세분화해 하나씩 해결해나가며 각각에 대한 대가를 받아냄으로써 이익을 극대화하는 전술이다. 이탈리아에서 즐겨 먹는 소시지 중에 '살라미'가 있다. 소금과 향신료를 많이 넣은 염장 건조 소시지인데 짭짤하고 딱딱하기 때문에 얇게 썰어 먹는 게 일반적이다. 얇다고 무심코 집어 먹다 보면 엄청난 양을 먹게 되는 경우가 많다. 얇게 잘라 먹는 이 소시지의 특성 때문에 생긴 협상 용어가 '살라미 전술'이다. 큰 덩어리의 현안을 잘게 잘라서 쟁점화하고 하나씩 해결해나가면서 많은 실리를 챙기는 기술을 의미한다.

이 용어는 동구권의 공산화가 한창이던 1940년대 헝가리 독재자 라코시 마차시가 처음 사용했다. 그는 정적을 제거해나가면서 "비공산주의자들을 살라미 슬라이스처럼 썰어버려야 한다."고 말했다. 독재 체제가 완성될 때까지 먼저 우익을 처리했고, 이후 중도파를, 그다음에는 공산당 내부 세력 중에서도 뜻이 다른 이들을 차례로 숙청해나갔다.

'살라미 전술'은 북한이 미국과의 핵협상에서 자주 구사해온 방식이다. 핵을 전격적으로 폐기하는 것이 아니라 동결, 유예, 불능화, 봉인 등 다양한 개념을 개발해 단계마다 상대방에게 선물을 받아왔다. 김정은 북한 노동당 위원장의 아버지 김정일은 1994년 제네바 합의, 2005년 6자회담 9·19 공동성명 등에서 이 같은 '단계적 해결론'으로 미국과 남한에서 식량, 원유, 전력 등 지원을 이끌어냈다. 2008년 중국 베이징에서 열린 6자회담에서도 북한은 살라미 전술을 구사했다. 처음에는 1단계 북한 핵시설 폐쇄, 2단계 불능화, 3단계 검증과 폐기를 제시했지만 중간에 3단계의 검증과 폐기를 나눠 4단계까지 늘리자며 수위를 높였고 기싸움이 전개된 끝에 결국 회담은 결렬됐다.

김정은 위원장이 최근 시진핑 중국 국가주석과의 회담에서도 비핵화 조치 조건으로 '단계별 보상'이라는 전형적인 수법을 들고 나와 논란이 일었다. 과거처럼 단계별로 그에 상응하는 양보와 보상을 얻어내면서 장기전으로 끌고 가겠다는 저의가 엿보였다. 하지만 도널드 트럼프 전 미국 대통령은 '조건 없는 비핵화', 일명 '원샷 타결' 원칙을 고수하였다. 미·북정상회담이 순탄치만은 않을 것이라는 전망이 나오는 이유였다. 김정은 위원장이 과거 아버지 스타일을 답습해 경제적인 보상만 취하고 또 판을 깬다면 북한이 국제사회로 나올 기회는 영영 없어지고 말 것이다.

결국 큰 문제를 쪼개서 해결하려는 협상기법이라고 할 수 있는데 일상에서도 사용할 수 있는 방법이다. 가사일을 도와주지 않는 게으른 남편에게 '빨래 개어주면 맛있는 냉면 만들어 줄게', 또는 '아이랑 나가서 놀아주면 밤에 당신이 좋아하는 술 안주 해 줄게'라고 하면서 조금씩 목표를 일궈나가는 방식이다. 상대가 감당하기 크고 어려운 부탁을 먼저 하여 거절이 나오게 한 뒤에 미안한 마음을 이용하여 진짜 원했던 '작은 것'을 부탁하는 것도 살라미 전략이라 할 수 있다.

해외 출장을 앞둔 며느리가 시어머니에게 '회사일로 바빠서 그러는데 6개월만 애를 봐주시면 안 될까요?'라고 했다가 거절을 당한 뒤에 '그러면 출장 가 있는 10일만 부탁 드릴게요'라고 요청하는 것이다.

46

기정사실 기법

세부적인 협상을 하기 전에 계약서를 먼저 보낸다거나 납품을 해서 협상 시에 유리한 위치를 점하는 방법이다. 쉽게 말해서 협상을 통한 계약이 기정사실화된 것처럼 보이게 하는 것이다.

예를 들면 “상무님이 해외 출장 중이셔서 가격은 확정하기 어려울 것 같습니다. 현재 재고가 거의 바닥이라 새로운 상품이 입고되려면 시간이 꽤 걸릴 것 같습니다. 우선 있는 재고라도 먼저 보내 드릴까요?” 상대방은 차후에 반품할 때의 비용 등을 고려하여 결국 제시하는 가격을 일정부분 받아들이게 되는 것이다.

실제 다양하게 이용되는 협상 기법인데 재미있게도 장난감 매장에서도 많이 활용된다. 어린아이와 함께 장난감 매장에 가면 어린아이는 재미있는 장난감에 한참을 빠져들게 된다. 장난감 매장 직원은 엄마에게 말을 건다.

"아이가 장난감을 무척 좋아하는 것 같네요."

직원은 마침 잘됐다는 듯이

"지금 이 제품을 시연할 수 있는 놀이방이 있어요. 한번 아이 데리고 놀아보세요. 시간제한 없이 매장 마감 때까지 마음껏 시연할 수 있어요."

그러면 엄마는 감사하게,

"정말요? 어디로 가면 되나요?"

아이가 장난감을 만지는 순간 게임은 끝났다. 한번 장난감에 빠져든 아이는 매장 문이 닫힐 때까지 장난감을 붙잡고 절대 놓지 않기 때문이다.

나 역시도 너무나 결과를 잘 알고 있지만 기정사실 기법에 설득된다. 얼마 전 중학생 대상 온라인 강의 프로그램을 홈쇼핑에서 판매한 적이 있다. 최근 공부에 관심을 가지기 시작한 중학생인 둘째 아들을 생각하며 한참을 시청했다. 고등학생 첫째 아들이 어느 정도 효과를 본 터라 더욱 관심이 갔고 온라인 전체 강의를 무료로 수강할 뿐만 아니라 최고급 태블릿 PC도 주는 상품이었다. 중요한 것은 15일간 경험해 보고 마음에 안 들면 그냥 반납해도 되는 조건이었다. 그래서 공부에 흠뻑 빠져들 아들을 상상하며 모험을 했다.

그런데 여기서 예상과는 다르게 중요한 결정 요인은 온라인 강의 프로그램이 아니라 최고급 태블릿 PC였던 것이다. 15일간 최고급 태블릿 PC와 친해진 아들은 무조건 온라인 강의 프로그램을 수강한다는 것이었다. '기정사실 기법'은 정말 알고서도 당할 수 있는 강력한 협상 스킬이다.

기정사실 기법은 실제 상품 선인도 방식으로 많이 활용된다. 우선 상품이나 서비스를 이용해 보고 마음에 안 들면 반품해도 된다는 전략이라 볼 수 있다. 의류나 구두를 판매하는 직원은 구매를 고민하는 고객에게 "입은 채로 가시겠습니까?"라고 묻거나 "새 신발로 갈아 신고 가시겠습니까? 신고 오셨던 신발은 제가 처리해 드리겠습니다."라고 하는 것이다. 이를 통하여 구매를 고민하는 고객의 결정에 대한 임계점을 넘게 만드는 방법이다. 물론 상품이 마음에 들지 않으면 전혀 효과가 없다.

좀 더 극단적인 예로 차량 수리를 자동차 정비소에 일단 견적만 부탁하고 차를 맡겼다고 하자. '기정사실 기법'에 의하면 먼저 행동으로 옮기는 것이 중요하기 때문에 먼저 수리를 하는 것이다. "간단한 고장이라서 그냥 수리해 놓았습니다. 요금은 8만 원밖에 안 됩니다." 여기서 원상 회복시켜 놓으라는 사람은 많지 않겠지만 강력하게 추천할 수 있는 방법은 아니다.

47

상대방 술수 간파 기법

협상이나 거래에 있어서 상대방은 교묘한 술수를 이용하게 되는데 상대방의 술수를 간파하는 능력도 협상에서 중요하다. 물론 가능하다면 상대방이 술수 자체를 쓰지 못하게 하는 것이 가장 좋은 방법이다.

술수가 사용될 가능성이 높은 경우는 상대방과의 관계가 지속적이지 않고 일회성으로 끝날 경우이다. 예를 들면, 중고차를 비롯한 중고물품을 거래할 경우 판매자는 당신을 더 이상 만나지 않게 될 것을 고려하여 눈앞의 이익을 위해 노력을 아끼지 않을 것이다. 장기적인 관계는 전혀 고려할 대상이 아니기 때문이다.

만약 당신을 잘 알거나 당신과의 장기적인 관계가 중요하다고 판단될 경우 상대방은 비도전적인 술수를 사용하지 않을 것이다.

그렇기 때문에 단기 거래적인 협상일 경우 상대방을 직접 알지 못하는 경우라면, 중간에 믿을 만한 사람의 소개를 받아 상대방과 최소한의 관계를 가지는 것을 추천한다. 중고차를 구입하기 위해 친구에게 믿을만한 중고차 판매인을 소개받는 것이다. 당신의 친구와 관계가 있는 판매인은 당신에게 교묘한 술수를 통하여 큰 이익을 얻으려는 행동을 하지 않을 것이다.

아무튼 상대방이 당신에게 술수를 사용하려 한다면 다음과 같이 대응할 것을 추천한다.

첫째, 상대방이 술수를 쓴다면 먼저 그것부터 알아차려야 한다. 무엇인가 직감적으로 어색하고 절차가 불편하다면 순간 멈춰서 이성적으로 생각해 봐야 한다. 예를 들면, 중고차를 구입하기 위해 인터넷에 광고되어 있는 차량을 확인하러 갔을 때 해당 차량은 벌써 판매되었으니 다른 차량을 보여 준다고 한다면 조금 의심할 필요가 있다. 판매인들의 대표적인 술수이다.

또한 상대방이 당신에게 많은 양의 정보를 적극적으로 제공하는 경우도 있는데 이것도 술수의 하나일 수도 있다. 상대방은 당신이 올바른 정보와 그렇지 않은 정보를 제대로 구별하지 못하게 함으로써 당신의 이성적인 판단 능력을 흐리게 할 수 있다. 이 경우에 당신은 그러한 정보에 현혹되지 말고 당신이 정말 원하는 정보를 얻을 때까지 적절한 질문을 해야 한다. 그리고 상대방이 일관되지 않은 의견의 정보를 제시할 경우 상대방에게 '무언가 이상하다' 라는 당신의 의견을 말해야 한다.

둘째, 당신의 상대방의 술수를 지적하고 그 술수의 사용을 중단하라고 요구할 수 있다. 물론 상대방의 술수에 크게 동요되지 않는다면 그냥 무시하고 넘어가도 될 것이다. 만약 술수로 인해 기분까지 상했다면 그리고 다른 대안이 있다면 당신은 협상을 중단하고 자리를 떠날 수도 있다.

셋째, 당신도 술수를 부리는 상대방에게 술수를 부릴 수도 있다. 이렇게 당신도 상대방처럼 술수를 사용하게 되면 상대방은 무척 당황할 것이다. 이러한 당신의 대응으로 인해 상대방은 정신을 차리고 합리적이고 더욱 정중한 방법으로 당신을 상대하게 될 수도 있을 것이다.

넷째, 상대방이 교묘한 술수를 부리는 경우 당신은 혼자서 상대방과 협상하지 말고 다른 파트너와 함께 팀을 이루어 협상을 수행하는 것이 좋을 것이다. 당신과 파트너의 협력으로 상대방의 술수가 보다 정확하게 파악되기도 하고 상대방의 술수가 당신에게는 효과적이지만 파트너에게는 효과가 없을 수 있기 때문이다.

결론적으로 상대방의 술수를 파악하여 멈추게 하는 것은 물론이고 당신은 협상 상황에서 술수를 사용하지 않는 편이 낫다. 협력적 협상에서 당신과 상대방은 서로 협력하여 공동의 문제를 해결하는 공생관계이기 때문이다. 하지만 당신의 순수한 의도와는 상관없이 상대방이 술수를 사용한다는 의심이 든다면 그 사실이 확인될 때까지 마음을 놓지 말아야 한다. 따라서 당신은 가능한 한 많은 정보를 수집하여 좀 더 신중하게 판단하고 결정해야 한다.

협상 상황에서 다양한 술수들이 사용되는데 몇 가지 사례와 대응법을 알아보자.

대표적인 술수로는 허세 부리기가 있다. 허세 부리는 것은 거짓말로 보기는 어렵지만 협상 상대방이 자신에게 양보하도록 압력을 가하기 위해 주로 사용된다. 예를 들면, 노사협상 상황에서 사용자 측이 본인들의 주장이 수용되지 않을 경우 공장을 해외로 이전 할 수밖에 없다고 하는 것이다.

이럴 경우 당신은 다음과 같이 대응할 수 있다.

첫째, 상대방이 허세를 부리면 당신도 똑같이 허세를 부리면 된다.

둘째, 당신은 상대방의 허세에 대해 큰 반응을 보일 필요가 없다.

셋째, 당신은 상대방의 허세를 간파하여 상대방의 허세를 알고 있음을 상대방이 알게 한다.

결과적으로 상대방의 허세가 당신에게 드러난 이후의 협상은 당신에게 무조건 유리해 진다. 참고로 중요한 사안에 대한 허세 부리기 술수는 역효과를 낼 가능성이 많기 때문에 가능하면 사용하지 않는 것이 좋다.

48

ABCD 신뢰 모델 기법

신뢰는 협상에서 중요한 역할을 한다. 신뢰 가는 사람과 함께 일을 하고 싶은 감정이 들기 때문에 어려운 협상 난관도 함께 헤쳐 나가려 한다. 결국 신뢰를 충분히 보일 수만 있다면 상대방이 도와주려는 분위기 때문에 협상이 유리해진다. 다음은 〈칭찬은 고래도 춤추게 한다〉의 저자 켄 블랜차드의 다른 저서 〈신뢰가 답이다〉에 나오는 ABCD 신뢰 모델에 대한 내용이다.

사람들은 상대방에 대한 신뢰를 귀보다 눈으로 판단한다고 켄 블랜차드 말한다. 이것은 곧 말이 아니라 행동이 신뢰의 판단기준이라는 뜻이다. 따라서 책에서 저자들은 신뢰와 연관된 행동들을 ABCD 4가지 영역으로 구분한다. 능력 있는 행동을 보여주고 있는지(Able), 진실 되게 믿을 만한 행동인지(Believable), 서로 연결되어 있음을 상대에게 보여주고 있는 행동인지(Connected), 지속적으로 믿을 만한 행동인지(Dependable). 이 4가지 영역에 해당하는 행동을 보여주었을 때, 우리는 상대와 성공적인 관계를 맺고 유지할 수 있다는 것이다.

ABCD 신뢰 모델

Able 핵심 역량을 보여줄 것	-탁월한 성과를 거둔다. -문제를 해결한다. -대단히 능숙하다. -맡은 일을 잘 해낸다. -적절한 경험을 지니고 있다. -기술을 활용해서 주위 사람들을 돕는다. -자기분야에서 최고가 되기 위해 노력한다.
Believable 솔직하고 진심으로 대할 것	-신용을 지킨다. -잘못을 인정한다. -정직하다. -남의 뒷이야기를 하지 않는다. -진정성이 있다. -섣불리 판단하지 않는다. -다른 사람들을 존중한다.
Connected 상대를 존중하고 배려할 것	-다른 사람의 이야기를 귀담아 듣는다. -다른 사람의 노력을 칭찬한다. -다른 사람에게 관심을 가진다. -다른 사람에게 자신을 감추지 않는다. -다른 사람과 조화를 이루며 일을 한다. -다른 사람에게 공감을 표시한다. -다른 사람에게 조언을 부탁한다.
Dependable 일관되게 행동할 것	-말한 대로 실천한다. -시간을 잘 지킨다. -부탁을 받으면 호의적으로 반응한다. -정리정돈을 잘한다. -자신의 행동에 책임을 진다. -마무리를 잘한다. -일관적이다.

사람들은 각자의 렌즈를 통해 신뢰를 인식하고 있기 때문에 우리에게는 신뢰를 이해하는 공동의 언어가 반드시 필요하다. 그래야만 어떤 행동이 신뢰를 부추기고 어떤 행동이 신뢰를 파괴하는지에 관해 허심탄회하게 대화를 나눌 수 있는 것이다. 그러한 이유로 ABCD 신뢰 모델이 디자인되었다고 한다. 이 모델은 단지 사회생활에서만이 아니라 개인적 삶에서도 신뢰에 관한 진지한 대화를 유도할 수 있는 하나의 도구이자 협상을 위한 기초이다.

너무 당연한 이야기로 치부하기에는 너무나 중요한 내용들이다. 반드시 나의 신뢰를 위한 노력의 수준을 파악해 보자. 또한 평상시에 일궈 놓은 신뢰는 협상을 성공으로 이끄는 강력한 힘이라는 점을 잊지 말고 꾸준하게 신뢰를 쌓기 위해 노력하자.

책을 쓴다는 것은 정말 어려운 일이다. 처음에 책을 쓸 때는 책을 쓴 것 자체로 만족할 수 있었다. 인생의 중요한 목표를 이루었고 정말 어려운 일을 해냈다는 만족감이 있었다.

지금은 조금 다르다. 책을 쓴다는 것에 부담을 느낀다. 좋은 책을 써서 사람들에게 도움이 되어야 한다는 의무감이 크다. 도움이 되지 않는다면 처음부터 쓰지 말아야 한다는 생각이다. 시간과 돈을 들여 책을 읽는 사람에게 잘못된 선택에 대한 고통은 주지 말아야 하는 것이다.

나 역시도 가끔은 타인의 어떤 책에 대해선 화가 나기도 한다. 그냥 낚였다는 생각이 들 때도 있다. 이 〈고수의 협상법〉은 나름대로 열심히 준비해서 쓴 협상책이며 조금이라도 독자들에게 도움이 되었으면 한다.

책을 끝마치고 나니 조금 감상적이게 된다. 삶에 대해 좀 더 진지하게 고민하게 된다. 나는 사람이 아닌 인생 자체와는 좋은 협상을 하고 있는가? 원래 이 책의 의도는 인생과의 협상에 초점을 맞추려 했다. 그래서 앞부분이 다소 철학적인 언급이 많았는데 수정하느라 조금 고생했다. 제목도 〈인생 협상〉으로 하려 했는데 주변의 반응이 좋지 않아 그냥 접었다. 협상 책은 철학적이기보다는 현실적이어야 하기 때문이다. 그래서 〈고수의 협상법〉으로 제목을 바꿨는데 반응이 생각보다 많이 좋았다. 경험 많은 협상전문가가 실전사례를 바탕으로 이야기해 주는 책이라는 느낌이라고 한다.

나는 기업에서 강의를 많이 하고 있는데 인간에 대한 이야기를 많이 들려준다. 그래서 인간 존재에 대한 연구, 즉 철학공부를 꾸준히 하는 편인데 이 책이 비즈니스뿐만 아니라 인생 전반에도 도움이 되었으면 하는 바람이다.

나는 인생을 바다라고 생각한다. 여름철에 즐기는 휴양지의 아름다운 바다가 아니라 끝도 없이 넓고 깊으며 두려움 가득한 검푸른 빛의 바다이다. 물론 잔잔할 때도 있지만 높은 파도와 함께 요동칠 때는 인간은 감당할 수 없는 존재가 된다.

하지만 바다는 기회가 되기도 한다. 풍부한 자원을 제공해 주며 새로운 세계로 떠날 수 있는 항로가 되어 준다. 결국 인생이라는 바다의 성공적인 항해사가 되기 위해서는 시시각각으로 펼쳐지는 위험하고 두려운 요소들을 잘 관리해야 한다. 억지스러울 수 있지만 나는 그것이 바로 협상이라고 생각한다.

끝으로 이 책이 나오기 전 초고를 참을성을 가지고 끝까지 읽어 주고 다행히 악평을 주지 않은 나의 아내 이재연님에게 감사함을 전하고 싶다. 또한 이 책의 출간을 결정해 주시고 좋은 책을 만들어 주신 리텍콘텐츠 출판사 관계자 분들께도 고마움을 전한다.

항상 한계와 두려움을 느끼지만 용기 있는 삶을 살고 싶은 사람이 되고 싶다.

고수의 협상법

인생의 승부처에서 삶을 승리로 이끄는 협상 비법

초판 1쇄 발행 2021년 4월 20일
2쇄 발행 2021년 12월 20일

지은이 | **신용준**
기획 편집 총괄 | **호혜정**
편집 | **이지영**
기획 | **박채송 김민아**
표지·본문 디자인 | **이선영**
교정교열 | **호혜정 김수정**
마케팅 | **최미남 김태현**
펴낸곳 | **리텍 콘텐츠**
주소 | **서울시 용산구 원효로 162 세원빌딩 606호**
전화 | **02-2051-0311** 팩스 | **02-6280-0371**
이 메 일 | **ritec1@naver.com**
홈페이지 | **http://www.ritec.co.kr**
페이스북 | 블로그 | 카카오스토리채널 | **[책속의 처세]**
ISBN | **979-11-86151-45-7 (03320)**